윤성우의
# 열혈 파이썬
## 중급편

## 저자소개

### 윤성우(ripeness21@gmail.com)

프로그래밍을 공부한다면 모르는 사람이 없을 것 같은 베스트셀러 저자이다. 여전히 쉽게 설명하는 방법에 대해 고민하고 있으며 그 고민 결과를 바탕으로 책을 집필하고 있다. 프로그래머라는 직업에 충실하기 위해 적지 않은 기간 동안 집필 활동이 없었지만 그간 축적된 에너지를 바탕으로 다수의 책을 쓸 계획을 가지고 집필에 임하고 있다.

## 윤성우의 열혈 파이썬 : 중급편

2021년 1월 15일 2쇄

지은이 | 윤성우
북디자인 | 조수진
발행처 | 오렌지미디어 / 서울시 성동구 아차산로 92 광명타워 1020호

**무단 복제 및 무단 전재를 금합니다.**
전 화 | 050-5522-2024
팩 스 | 02-6442-2021
등 록 | 2011년 3월 11일 제2011-000015호
I S B N | ISBN 978-89-960940-9-8

정가 16,000원

윤성우의

# 열혈 파이썬
# 중급편

윤성우 저

ORANGE MEDIA

# 머리말과 책 소개

본서는 파이썬 기본의 내용을 포함하지 않습니다.

그러나 기본을 안다면 누구나 쉽게 공부할 수 있습니다.

필자가 열혈 파이썬 기초편을 출간한 이후 약 1년의 시간이 지나서 중급편을 내놓게 되었습니다. 중급이라고 하면 보통은 더 어려워졌을 것으로 생각합니다. 물론 기본이 되어 있다는 가정하에서 집필된 내용이니 더 어렵지 않다고는 말하지 못하겠습니다. 그러나 생각보다 덜 어렵고 또 기초편을 통해서 덜 풀렸던 의구심이 해결된다는 측면 때문에 기초편을 공부할 때보다 오히려 쉽게 공부할 수 있을 것으로 기대합니다.

사실 파이썬을 어느 정도 제대로 쓰려면 본서에서 설명하는 내용까지 알고 있어야 합니다. 따라서 본서의 내용까지도 관점에 따라서는 기본에 포함시켜야 하지 않을까 생각을 합니다. 물론 중급편도 제가 강의를 제작해서 올려드립니다. 네이버 카페 https://cafe.naver.com/cstudyjava에 가입하면 동영상 강의를 무료로 들을 수 있습니다. 그리고 이 책의 소스코드도 출판사 홈페이지와 카페에 동시에 올려놓겠습니다.

고급편은 생각하지 않고 있습니다.

그러나 파이썬 공부에 도움이 될 수 있는 내용 집필을 계속 고민하겠습니다.

기초 그리고 중급이 끝났으니 고급을 기대할 수도 있겠으나 파이썬 문법은 중급에서 마무리하고자 합니다. 마땅히 고급으로 묶을 내용이 떠오르지도 않을 뿐만 아니라 어떤 내용을 고급으로 분류하는 것 자체를 그리 좋아하지 않기 때문입니다. 그러나 본서까지 공부하신 분들이 이어서 공부할 수 있는 내용들을 고민하고 또 계속 집필하도록 노력하겠습니다. 아마도 이 책을 선택해 주신 분들은 제가 집필한 책을 한 권 정도는 보신 분들이라 생각합니다. 그리고 주변에서 중급편이 언제 나오는지 물어주시는 분들도 많이 계셨습니다. 그렇게 기다려 주시고 응원해주시는 독자분들 모두에게 감사를 드립니다.

저자 **윤성우**

# 인터넷 강의에 대한 소개와 수강하는 방법

본 도서의 인터넷 강의는 필자가 개설한 네이버 카페를 통해서 출판사가 아닌 필자 개인의 책임으로 제공하고자 합니다. 따라서 네이버에서 '윤성우 카페'로 검색하셔서 찾아오시면 됩니다. 그리고 출판사 홈페이지를 통해서도 안내가 될 예정이니 이를 참고하셔도 됩니다. 카페에 가입만 하시면 이곳에서 언제든지 본 도서의 강의를 무료로 수강하실 수 있습니다.

제가 강의 자료를 만들어서 별도로 제공을 할 수도 있고 개인 과외를 하듯이 책의 내용을 화면에 펼친 상태에서 강의를 진행할 수도 있습니다. 내용에 따라서 효율적인 강의 방법을 선택하여 강의를 할 예정입니다. 비록 제 얼굴이 나오는 강의는 아니지만 집중도 높고 책 전체의 완벽한 이해를 추구하는 초보자를 위한 강의를 하도록 노력하겠습니다.

# 소스코드

예제의 소스코드는 제가 개설한 카페와 출판사 홈페이지를 통해서 동시에 제공할 예정이니 원하는 곳에서 다운 받아서 활용하시기 바랍니다.

# Contents

# Contents

## Story 01 레퍼런스 카운트와 가비지 컬렉션

### [가비지 컬렉션]

우리는 다음과 같은 상황에서 변수 s에 문자열이 저장되었다고 표현한다.

```
>>> s = 'Garbage Collection'
>>> s
'Garbage Collection'
```

그러나 사실은 문자열 객체에 s라는 이름이 붙은 상황이다. 즉 파이썬의 변수는 빈 상자가 아닌 떼었다 붙였다 할 수 있는 '포스트잇'의 개념이다. (포스트잇은 메모를 적어서 붙이고 또 쉽게 뗄 수 있는 스티커이다.)

떼었다 붙였다

[그림 01-1 : 포스트잇!]

보통은 '변수에 문자열을 저장했다.' 또는 '변수에 객체를 저장했다.'라는 식의 표현이 사용되고 또 그것이 더 자연스럽다. 하지만 지금 설명하는 파이썬의 '가비지 컬렉션' 메커니즘을 이해하려면 변수를 '포스트잇'으로 이해해야 한다. 따라서 다음 코드에 대한 표현이,

```
>>> s = 'Garbage Collection'
```

다음과 같음을 알고 있어야 한다. ('참조'의 영어 표현이 '레퍼런스'이다.)

"변수 s가 문자열 'Garbage Collection'을 '참조'한다."

"변수 s가 문자열 'Garbage Collection'을 '레퍼런스'한다."

즉 여기서 말하는 '참조'는 이름이 쓰인 포스트잇을 가져다 붙인 것을 뜻한다. 그럼 다음 코드를 보자. 이는 리스트 객체를 생성하고 이를 r이라는 이름으로 참조하고 있는 상황이다.

```
>>> r = [1, 2, 3]    # r이라는 이름으로 리스트를 참조
```

그럼 이렇게 생성된 리스트 [1, 2, 3]은 언제 소멸될까? 소멸되지 않고 계속 메모리 공간을 차지한다면 이는 문제가 되기 때문에 분명 소멸되는 시기가 온다. 그리고 그 시기는 다음과 같다.

"객체를 아무도 참조하지 않는 상황"

즉 다음 상황에서 리스트는 소멸된다. 정확히는 소멸 대상이 된다.

```
>>> r = [1, 2, 3]
>>> r = 'simple'    # 변수 r이 참조 대상을 문자열로 바꿨다.
```

위와 같은 상황이 벌어지면 리스트 [1, 2, 3]은 아무도 참조하지 않기 때문에 더 이상 접근할 수 없게 된다. 따라서 메모리에 남겨 둬봐야 공간만 차지할 뿐이다. 그래서 소멸 대상이 된다. 단, 소멸 대상이 되었다고 해서 바로 소멸되는 것은 아니다. 일단 소멸 대상으로 등록만 해 두고 시스템에 시간적인 여유가 생길 때 소멸시키게 된다. 그리고 이러한 일련의 소멸 규칙 및 과정을 가리켜 '가비지 컬렉션(Garbage Collection)'이라 한다. 그럼 다음 코드를 리스트 [1, 2, 3]을 중심으로 관찰해보자.

```
>>> r1 = [1, 2, 3]    # 리스트 [1, 2, 3]의 레퍼런스 카운트는 1
>>> r2 = r1           # 리스트의 레퍼런스 카운트는 2로 증가
>>> r1 = 'simple'     # 리스트의 레퍼런스 카운트는 다시 1로 감소
>>> r2 = 'happy'      # 리스트의 레퍼런스 카운트가 0 됨, 따라서 가비지 컬렉션 대상
```

객체를 참조하는 변수의 수를 가리켜 '레퍼런스 카운트'라 한다. 즉 위 예제에서는 리스트 [1, 2, 3]의 레퍼런스 카운트가 1에서 시작해서 2로 증가하고, 이어서 r1과 r2가 문자열을 참조하는 상황에 이르

러 결국에는 0이 된다. 그리고 레퍼런스 카운트가 0이 되었다는 것은 소멸 대상으로 등록이 되어서 조만간 소멸된다는 뜻이다. 그렇다면 이러한 가비지 컬렉션은 누가 진행하는 것일까? 뭐 그냥 파이썬이 해준다고 말해버려도 될 일이지만 조금 더 자세히 알 필요가 있어서 이에 대한 설명을 이어서 하겠다.

## [파이썬 인터프리터]

우리가 파이썬 코드를(스크립트를) 작성하고 실행하면 이 코드는 먼저 '바이트 코드'라는 것으로 변환되어 어딘가에 저장된다. 그리고는 이 바이트 코드는 '파이썬 가상 머신(Python Virtual Machine)' 위에서 실행이 된다. 비록 이러한 일련의 과정이 감춰져 있어서 우리 눈에 보이지는 않지만 말이다. 따라서 파이썬의 실행 구조는 다음과 같이 정리할 수 있다.

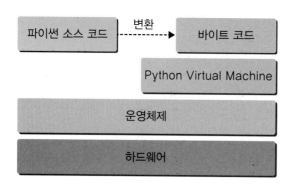

[그림 01-2: 파이썬 실행 구조]

즉 실제 파이썬 프로그램의 실행 주체는 파이썬 가상 머신, 줄여서 PVM이라 할 수 있으며 PVM에 의해 가비지 컬렉션도 진행이 된다. 그리고 지금 설명한 파이썬 코드 변환기와 가상 머신, 그리고 기본적으로 포함되는 각종 라이브러리들을 묶어서 '파이썬 인터프리터'라 한다.

파이썬 인터프리터는 그 종류가 다양한데 기본적으로 PVM의 구현 방식에 따라 나뉜다. PVM이 C언어로 구현되어 있는 가장 일반적이고 널리 사용되는 인터프리터를 가리켜 CPython이라 부른다. 그리고 PVM이 자바로 구현되어 있어서 자바에 대한 접근성이 좋은 인터프리터를 가리켜 Jython이라 하며, 마이크로소프트사의 닷넷 기반으로 만들어지고 또 그 위에서 동작하는 인터프리터를 가리켜 IronPython이라 한다. 물론 중심이 되는 것인 CPython이다. 다만 다양한 종류의 인터프리터가 존재한다는 사실도 알아 두면 좋겠다.

## Story 02 수정 가능한 객체와 수정 불가능한 객체

### [immutable & mutable]

객체가 지닌(객체에 저장된) 값의 수정이 불가능한 객체를 가리켜 'immutable 객체'라 하며 대표적인 예로 튜플과 문자열이 있다. 반면 객체가 지닌 값의 수정이 가능한 객체를 가리켜 'mutable 객체'라 하며 대표적인 예로 리스트와 딕셔너리가 있다. 즉 다음 예에서 보이듯이 리스트는 지니고 있는 값을 수정할 수 있다.

```
>>> r = [1, 2]
>>> id(r)    # 리스트의 주소 정보 확인
51637384
>>> r += [3, 4]      # 리스트에 값을 추가한다.
>>> r
[1, 2, 3, 4]
>>> id(r)        # 리스트의 주소가 바뀌지 않았음을 확인
51637384
```

그러나 튜플은 값을 수정할 수 없다. 따라서 튜플에 저장된 값을 수정하게 되면 다음 예에서 보이듯이 새로운 튜플이 만들어진다.

```
>>> t = (1, 2)
>>> id(t)    # 튜플의 주소 정보 확인
58040192
>>> t += (3, 4)      # 이때 새로운 튜플이 만들어진다.
>>> t
(1, 2, 3, 4)
>>> id(t)        # t에 저장된 튜플이 바뀌었음을 확인
53173968
```

## [성격에 따라 달라지는 함수의 정의]

그럼 이어서 다음 함수를 보자.

```
>>> def add_last(m, n):
        m += n          # m에 n의 내용을 추가한다.
```

이는 다음과 같이 리스트에 값을 추가할 때 사용하기 위해서 만든 함수이다. 그리고 그 목적에 맞게 잘 동작한다.

```
>>> r = [1, 2]
>>> add_last(r, [3, 4])       # 리스트 r에 3과 4를 추가
>>> r
[1, 2, 3, 4]
```

그런데 이를 보고 이 함수가 튜플을 대상으로도 잘 동작할 것으로 기대하면 안 된다. 튜플을 대상으로 위의 함수를 호출하면 다음과 같이 엉뚱한 결과를 얻게 된다.

```
>>> t = (1, 3)
>>> add_last(t, (5, 7))        # 튜플 t에 5와 7이 추가될 것을 기대한다.
>>> t        # 튜플에 5와 7이 추가되지 않았다.
(1, 3)
```

이유는 간단하다. 함수 내에서 진행한 += 연산 과정에서 그 결과에 해당하는 새로운 튜플이 만들어졌을 뿐 원본에 값이 추가된 것은 아니기 때문이다. 이 부분을 조금 자세히 설명하면, 먼저 변수 t에 저장된 튜플 (1, 3)을 매개변수 m을 통해 함수에 전달한 상황은 다음과 같다.

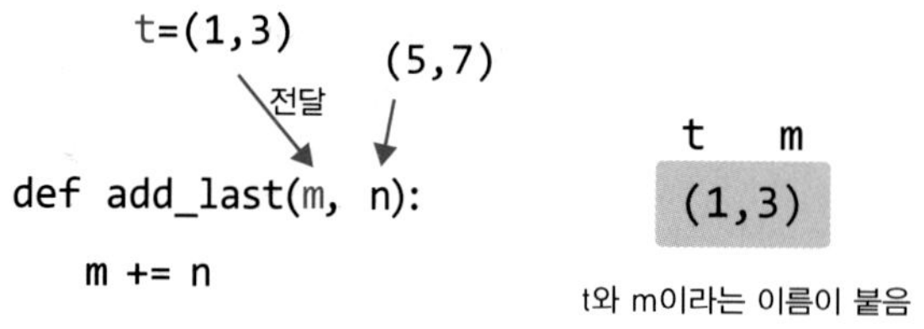

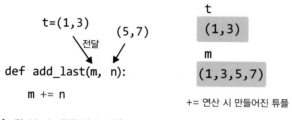

[그림 02-1: 튜플 전달 1/2]

그리고 n으로 전달된 튜플 (5, 7)과 += 연산을 진행한 결과는 다음과 같다.

[그림 02-2: 튜플 전달 2/2]

그러니까 함수 내의 변수 m에는 새로 만들어진 덧셈 결과가 반영된 튜플이 저장된다. 그러나 이때부터 t가 참조하는 튜플과 m이 참조하는 튜플은 별개의 것이 된다. 따라서 함수를 빠져나간 뒤에 확인해본 t의 내용에는 아무런 변화가 없다. 때문에 튜플에 값을 추가한 결과를 얻는 함수는 다음과 같이 만들어서 사용해야 한다.

```
>>> def add_tuple(t1, t2):
        t1 += t2    # += 결과로 만들어진 새로운 튜플이 t1에 저장된다.
        return t1   # 새로 만들어진 튜플을 반환

>>> tp = (1, 3)
>>> tp = add_tuple(tp, (5, 7))
>>> tp
(1, 3, 5, 7)
```

정리하면 리스트는 변경 가능한 객체인 반면 튜플은 변경 불가능한 객체이기 때문에 이 둘을 대상으로 동일한 결과를 보이는 함수를 만들 수 없는 경우가 있다. 이러한 경우에는 원하는 결과를 얻을 수 있는 함수를 리스트와 튜플 각각에 대해 별도로 정의해야 한다.

그럼 이어서 다음 예를 보자. 이 예의 min_max 함수는 리스트를 대상으로 정의된 함수이다. 이 함수에 리스트가 전달되면 그 리스트에 저장된 가장 큰 값과 가장 작은 값을 출력하는데, 이를 위해서 리스트의 정렬 과정을 거친다.

```
>>> def min_max(d):
        d.sort()      # 리스트를 오름차순으로 정렬
        print(d[0], d[-1], sep = ', ')     # 맨 앞의 값과 마지막 값을 출력

>>> l = [3, 1, 5, 4]
>>> min_max(l)
1, 5
>>> l        # 원본의 저장 순서가 변경되었다.
[1, 3, 4, 5]
```

출력된 내용을 보면 가장 큰 값과 가장 작은 값이 잘 출력되었다. 그런데 문제는 원본의 저장 순서가 변경되었다는 것이다. 그리고 이것이 문제가 되는 경우도 있다. 따라서 이러한 상황을 원치 않으면 함수 내에서 리스트를 복사한 다음에 정렬을 진행해야 한다. 다음과 같이 말이다.

```
>>> def min_max2(d):
        d = list(d)        # d의 내용이 담긴 새로운 리스트 생성
        d.sort()       # 원본이 아닌 복사본을 정렬한다.
        print(d[0], d[-1], sep = ', ')

>>> l = [3, 1, 5, 4]
>>> min max2(l)
1, 5
>>> l        # 원본이 수정되지 않았다.
[3, 1, 5, 4]
```

물론 위의 함수는 튜플을 대상으로도 잘 동작한다. 다음 예에서 보이듯이 말이다.

```
>>> def min_max2(d):
        d = list(d)        # d의 내용이 담긴 새로운 리스트 생성
        d.sort()
        print(d[0], d[-1], sep = ', ')

>>> t = (2, 7, 5, 9, 0)
>>> min_max2(t)
0, 9
>>> t
(2, 7, 5, 9, 0)
```

비록 함수 내에서 튜플에 담긴 내용을 갖는 리스트를 하나 생성하기는 했지만 그것이 문제가 되는 상황은 아니다. 결론을 내려보면, 함수를 잘 정의하려면 파이썬 내에서 참조하거나 조작하는 객체의 성격을 구분하고 그에 맞게 함수를 정의해야 한다. 따라서 기본적으로 문자열과 튜플은 변경이 불가능한 객체이고, 리스트와 딕셔너리는 변경이 가능한 객체라는 사실은 기억하고 있어야 한다.

## Story 03 깊은 복사와 얕은 복사

### [두 객체의 비교와 복사]

객체를 비교할 때 사용할 수 있는 두 가지 연산자를 정리하면 다음과 같다.

> v1 == v2             변수 v1과 v2가 참조하는 객체의 내용이 같은가?

> v1 is v2             변수 v1과 v2가 참조하는 객체는 동일 객체인가?

따라서 동일한 값을 담고 있는 두 객체를 대상으로 하는 두 연산의 결과는 다음과 같다.

```
>>> r1 = [1, 2, 3]
>>> r2 = [1, 2, 3]
>>> r1 is r2     # r1과 r2가 참조하는 객체는 같은 객체인가?
False
>>> r1 == r2     # r1과 r2가 참조하는 객체에 담긴 값은 같은가?
True
```

참고로 is 연산이 True를 반환하는 상황은 다음과 같다.

```
>>> r1 = [1, 2, 3]
>>> r2 = r1      # r1이 참조하는 리스트에 r2라는 이름을 하나 더 붙임
>>> r1 is r2
True
```

자! 그럼 다음 예제에서 보이는 객체 복사 결과를 살펴보자.

```
>>> r1 = ['John', ('man', 'USA'), [175, 23]]    # John은 미국 남자로 175cm 23세
>>> r2 = list(r1)        # r1의 내용으로 새로운 리스트 만듦
>>> r1 is r2
False
>>> r1[0] is r2[0]       # r1과 r2의 'John'은 동일 객체인가?
True
>>> r1[1] is r1[1]       # r1과 r2의 ('man', 'USA')은 동일 객체인가?
True
>>> r1[2] is r2[2]       # r1과 r2의 [175, 23]은 동일 객체인가?
True
```

위의 예에서는 다음과 같이 리스트를 생성하였다.

```
r1 = ['John', ('man', 'USA'), [175, 23]]
```

위와 같이 리스트를 생성하면 리스트 안에 선언되는 값들이 리스트에 쏙 들어가 있는 형태가 아니라 다음 그림에서 보이듯이 각 값들을(객체들을) 리스트 내에서 참조하는 형태가 된다.

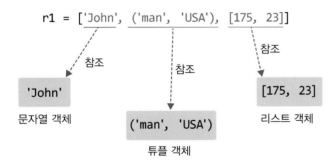

[그림 03-1: 리스트의 객체 참조]

그리고 위의 예에서는 다음과 같이 list 함수를 호출하면서 리스트를 전달하였다.

```
r2 = list(r1)
```

따라서 전달된 리스트의 내용이 담긴 새로운 리스트가 만들어지는데 그 결과는 다음과 같다.

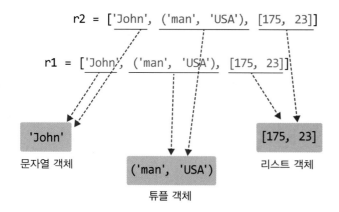

[그림 03-2: 리스트의 복사]

이러한 형태의 복사를 가리켜 '얕은 복사'라 한다. 그리고 '얕은 복사'가 파이썬이 복사를 진행하는 기본 방식이다. 사실 위의 경우 다음 두 가지를 대상으로는 얕은 복사를 진행하는 것이 더 합리적이다. 이 둘은 그 값의 변경이 불가능한 'immutable 객체'이므로 얕은 복사를 해도 문제가 되지 않기 때문이다.

문자열 객체　　　　'John'

튜플 객체　　　　('man', 'USA')

그러나 다음 객체를 대상으로 얕은 복사를 하는 것은 문제가 될 수 있다. 리스트는 그 안에 담긴 값을 수정할 수 있는 객체이기 때문이다.

리스트 객체　　　　[175, 23]

## [깊은 복사]

정리하면 값의 변경이 불가능한 immutable 객체는 얕은 복사를 해도 문제가 되지 않는다. 그러나 값의 변경이 가능한 mutable 객체는 얕은 복사가 문제가 될 수 있다. 이와 관련해서 다음 예를 보자.

```
>>> J2021 = ['John', ('man', 'USA'), [175, 23]]    # 2021년도 John의 정보
>>> J2022 = list(J2021)    # 필요에 의해 John의 정보를 하나 복사했다.
>>> J2022[2][1] += 1    # 2022년도 John의 정보, 나이 한 살 더 먹음
>>> J2021        # 2021년도 John의 정보 출력
['John', ('man', 'USA'), [175, 24]]
>>> J2022        # 2022년도 John 정보 출력
['John', ('man', 'USA'), [175, 24]]
```

John은 해가 지날수록 나이는 먹는다. 그래서 위의 예에서는 2021년도 John의 정보를 기반으로 2022년도의 John의 정보를 만들었다. 그런데 얕은 복사로 인해 2021년의 John 정보도 바뀌어 버렸다. 이렇듯 mutable 객체에 저장된 값들은 변경될 수 있기 때문에 이들에 대해서는 복사 대상을 하나 더 생성하는 '깊은 복사'라는 것을 해야 한다. 즉 다음 객체를 대상으로 복사를 할 경우,

```
['John', ('man', 'USA'), [175, 23]]
```

다음 그림에서 보이듯이 변경 불가능한 'John'과 ('man', 'USA')은 얕은 복사, 변경 가능한 [175, 23]은 깊은 복사를 진행하는 것이 안전성과 성능을 모두 만족시키는 방법이 된다.

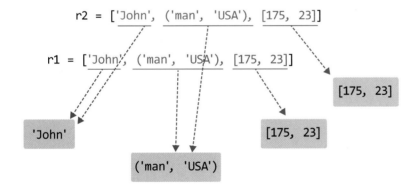

[그림 03-3: 깊고 얕은 복사]

그리고 이를 위해서는 다음 예에서 보이듯이 copy 모듈의 deepcopy 함수를 사용하면 된다.

```
>>> J2021 = ['John', ('man', 'USA'), [175, 23]]
>>> import copy      # deepcopy 함수 호출 위해서 copy 모듈 import
>>> J2022 = copy.deepcopy(J2021)
>>> J2022[2][1] += 1
>>> J2021
['John', ('man', 'USA'), [175, 23]]
>>> J2022
['John', ('man', 'USA'), [175, 24]]
>>> (J2021[0] is J2022[0]) and (J2021[1] is J2022[1])    # 얕은 복사 확인
True
>>> J2021[2] is J2022[2]     # 깊은 복사 확인
False
```

위의 결과에서 보이듯이 deepcopy 함수의 호출 결과로 immutable 객체를 대상으로는 얕은 복사가 진행되었고 mutable 객체를 대상으로는 깊은 복사가 진행되었다. 참고로 다음의 방식으로 튜플이나 문자열을 복사하면 얕은 복사가 진행된다.

```
>>> d1 = (1, 2, 3)
>>> d2 = 'Please'
>>> c1 = tuple(d1)          # d1 기반으로 튜플 생성, 사실상 튜플 복사
>>> c2 = str(d2)     # d2 기반으로 문자열 생성, 사실상 문자열 복사
>>> d1 is c1     # d1과 c1이 참조하는 대상이 같은 객체인가?
True
>>> d2 is c2     # d2와 c2가 참조하는 대상이 같은 객체인가?
True
```

메모리의 효율적 사용을 위해서 이렇듯 파이썬은 '선한 거짓말'을 하고 있다. 그러니 속아주자. 이것이 문제가 되는 상황은 없을 테니 말이다.

## Story 04 리스트 컴프리헨션

### [리스트 생성 방법]

먼저 리스트를 생성하는 기본 방법들을 정리해보겠다.

```
>>> r1 = [1, 2, 3]          # 리스트를 생성하는 가장 일반적인 방법
>>> r2 = []                 # 빈 리스트를 생성하는 방법
>>> r3 = [1, 2, [3, 4]]     # 리스트가 포함된 리스트를 생성하는 방법
```

다음은 list 함수를 호출해서 리스트를 생성하는 방법들이다. list 함수에 전달된 내용으로 구성된 리스트가 만들어진다.

```
>>> r4 = list('Hello')      # 문자열을 전달해서 리스트를 생성
>>> r5 = list((5, 6, 7))    # 튜플을 전달해서 리스트를 생성
>>> r6 = list(range(0, 5))  # 레인지를 전달해서 리스트를 생성
```

단순한 리스트는 위와 같은 방법으로 충분히 만들 수 있다. 그러나 조건이 복잡한 리스트들, 예를 들어서 아래 요구 조건의 리스트를 만들 때는,

    [1, 2, 3, 4, 5]의 모든 값을 두 배씩 증가시킨 값을 지니는 리스트를 만들어라.

다음과 같이 for 루프를 사용해야 한다.

```
>>> r1 = [1, 2, 3, 4, 5]
>>> r2 = []        # 일단 빈 리스트를 생성하고
>>> for i in r1:
        r2.append(i * 2)      # 두 배씩 증가시켜서 리스트 r2에 저장

>>> r2
[2, 4, 6, 8, 10]
```

그런데 위의 코드를 다음과 같이 for 루프를 사용하지 않는 형태로 대신할 수 있다. 그리고 이것을 가리켜 '리스트 컴프리헨션(Comprehension)'이라 한다.

```
>>> r1 = [1, 2, 3, 4, 5]
>>> r2 = [x * 2 for x in r1]      # 리스트 컴프리헨션의 기본 구조
>>> r2
[2, 4, 6, 8, 10]
```

다음 문장을 분석할 때는,

```
r2 = [x * 2 for x in r1]
```

먼저 다음과 같이 for 이하를 생략하고 바라보자.

```
r2 = [x * 2 for x in r1]      # 이 리스트의 값은 x * 2의 결과들로 이루어진다는 의미
```

x * 2가 의미하는 것은 리스트의 값이 x * 2의 결과들로 이뤄진다는 뜻이다. 그리고 이어서 x가 무엇인지 살펴본다. 이를 위해 이번에는 for 이하를 관찰한다.

```
r2 = [x * 2 for x in r1]          # x는 r1에 있는 값들이다.
```

즉 위의 리스트 선언을 다음과 같이 이해할 수 있다.

<table>
<tr><td>r1의 값들을 하나씩 x에 넣어서,</td><td>[x * 2 for x in r1]</td></tr>
<tr><td>x * 2의 결과를 만들어 리스트에 저장</td><td>[x * 2 for x in r1]</td></tr>
</table>

리스트 컴프리헨션이 들어간 코드는 처음 보면 어색하지만 익숙해지면 편하고 더 단순해 보인다. 그래서 실제로 많이 쓰인다. 그럼 이번에는 다음 조건을 만족하는 리스트를 생성해 보겠다.

[1, 2, 3, 4, 5]의 모든 값을 10씩 증가시킨 값을 지니는 리스트를 만들어라.

결과는 다음과 같다.

```
>>> r1 = [1, 2, 3, 4, 5]
>>> r2 = [x + 10 for x in r1]
>>> r2
[11, 12, 13, 14, 15]
```

## [조건 필터 추가하기]

다음 코드를 보자. 이는 for 루프를 기반으로 리스트를 생성하는 예이다. 그런데 리스트에 담을 값을 걸려내는 조건이 존재한다.

```
>>> r1 = [1, 2, 3, 4, 5]
>>> r2 = []
>>> for i in r1:
        if i % 2:      # i가 홀수인 경우에만 아래 문장 실행
            r2.append(i * 2)      # i * 2의 결과를 리스트에 담는다.

>>> r2
[2, 6, 10]
```

그런데 위의 코드는 리스트 컴프리헨션을 기반으로 다음과 같이 간단하게 작성할 수 있다.

```
>>> r1 = [1, 2, 3, 4, 5]
>>> r2 = [x * 2 for x in r1 if x % 2]      # if절이 추가된 리스트 컴프리헨션
>>> r2
[2, 6, 10]
```

즉 위의 예에서 보인 리스트 컴프리헨션은 다음과 같이 이해하면 된다.

r1의 값들을 하나씩 x에 넣어서,          [x * 2 for x in r1 if x % 2]

x % 2가 True인지 확인하고,            [x * 2 for x in r1 if x % 2]

True이면 x * 2를 리스트에 추가          [x * 2 for x in r1 if x % 2]

참고로 리스트 컴프리헨션은 일종의 규칙이므로 이해보다는 적용에 무개를 둬서 학습하는 것이 바람직하다.

## [리스트 컴프리헨션에 for 한번 더 들어가는 경우]

다음과 같이 옷의 상의와 하의의 색상 정보를 갖는 리스트가 각각 존재하는 상황에서 만들 수 있는 모든 조합의 색을 값으로 담는 리스트를 만들고자 한다.

```
r1 = ['Black', 'White']              # 옷의 상의 색상 정보
r2 = ['Red', 'Blue', 'Green']        # 옷의 하의 색상 정보
```

그렇다면 for 루프를 기반으로는 다음과 같이 만들 수 있다.

```
>>> r1 = ['Black', 'White']
>>> r2 = ['Red', 'Blue', 'Green']
>>> r3 = []
>>> for t in r1:
        for p in r2:
            r3.append(t + p)

>>> r3
['BlackRed', 'BlackBlue', 'BlackGreen', 'WhiteRed', 'WhiteBlue', 'WhiteGreen']
```

그런데 이를 리스트 컴프리헨션 기반으로 작성하면 다음과 같이 간결해진다.

```
>>> r1 = ['Black', 'White']
>>> r2 = ['Red', 'Blue', 'Green']
>>> r3 = [t + p for t in r1 for p in r2]   # 중첩된 for 루프 형태의 리스트 컴프리헨션
>>> r3
['BlackRed', 'BlackBlue', 'BlackGreen', 'WhiteRed', 'WhiteBlue', 'WhiteGreen']
```

위 예제의 다음 문장에는 두 개의 for 루프가 존재한다. 그리고 이는 사실 중첩된 for 루프와 같이 동작한다.

```
r3 = [t + p for t in r1 for p in r2]
```

즉 위 문장의 두 for 루프는 다음과 같이 이해할 수 있다.

```
for t in r1:      # t는 'Black', 'White'
    for p in r2:      # p는 'Red', 'Blue', 'Green'
        t + p
```

위와 같이 이중으로 for 루프를 구성하면 t가 'Black'일 때 p는 'Red', 'Blue', 'Green'이 되어 다음 t + p의 조합들이 만들어지고,

```
'Black' + 'Red', 'Black' + 'Blue', 'Black' + 'Green'
```

이어서 t가 'White'일 때 p는 'Red', 'Blue', 'Green'이 되어 다음의 조합이 만들어진다.

```
'White' + 'Red', 'White' + 'Blue', 'White' + 'Green'
```

따라서 다음 리스트 컴프리헨션의 구성은,

```
r3 = [t + p for t in r1 for p in r2]
```

다음과 같이 이해하면 된다.

모든 t와 p의 조합을 생성해서,          [t + p for t in r1 for p in r2]

t + p의 결과를 만들어서 리스트에 저장          [t + p for t in r1 for p in r2]

예를 하나 더 들겠다. 이번에는 구구단의 모든 결과를 리스트에 담아보겠다. 즉 2단부터 9단까지 다음 내용이 리스트에 모두 담겨 다음 형태의 리스트가 만들어져야 한다.

```
r = [2, 4, 6, 8, 10, 12, 14, 16, 18, 3, 6, 9 . . . 중간 생략 . . . 45, 54, 63, 72, 81]
```

리스트 컴프리헨션 기반으로 다음과 같이 비교적 간단히 이러한 리스트를 만들 수 있다.

```
>>> r = [n * m for n in range(2, 10) for m in range(1, 10)]
>>> r
[2, 4, 6, 8, 10, 12, 14, 16, 18, 3, 6, 9, 12, 15, 18, 21, 24, 27, 4, 8, 12, 16,
20, 24, 28, 32, 36, 5, 10, 15, 20, 25, 30, 35, 40, 45, 6, 12, 18, 24, 30, 36, 42,
48, 54, 7, 14, 21, 28, 35, 42, 49, 56, 63, 8, 16, 24, 32, 40, 48, 56, 64, 72, 9,
18, 27, 36, 45, 54, 63, 72, 81]
```

위의 리스트 선언에 대한 분석은 다음과 같다.

모든 n과 m의 조합을 생성해서, (이때 n은 2 ~ 9, m은 1 ~ 9)

r = [n * m for n in range(2, 10) for m in range(1, 10)]

n * m의 결과를 만들어서 리스트에 저장

r = [n * m for n in range(2, 10) for m in range(1, 10)]

## [이중 for 루프에 조건 필터 추가]

이중 for 루프 기반의 리스트 컴프리헨션에도 if절을 추가할 수 있다. 다음은 구구단의 결과를 담는 리스트를 만드는 과정에서 그 결과가 홀수인 값들만 리스트에 포함시킨 예이다.

```
>>> r = [n * m for n in range(2, 10) for m in range(1, 10) if (n * m) % 2]
>>> r
[3, 9, 15, 21, 27, 5, 15, 25, 35, 45, 7, 21, 35, 49, 63, 9, 27, 45, 63, 81]
```

위의 리스트 선언은 다음과 같이 이해하면 된다.

모든 n과 m의 조합을 생성해서, (이때 n은 range(2, 10), m은 range(1, 10))

r = [n * m for n in range(2, 10) for m in range(1, 10) if (n * m) % 2]

n * m의 결과가 2의 배수인 n과 m의 조합만을 가지고,

r = [n * m for n in range(2, 10) for m in range(1, 10) if (n * m) % 2]

n * m의 결과를 만들어서 리스트에 저장

r = [n * m for n in range(2, 10) for m in range(1, 10) if (n * m) % 2]

지금까지 소개한 예만 잘 기억해도 리스트 컴프리헨션에 충분히 익숙해질 수 있다.

## Story 05

# Iterable 객체와 Iterator 객체

### [iter 함수]

하나 이상의 값을 저장하는 일과 저장된 값들을 하나씩 꺼내 보는 일은 단순하지만 중요한 일이다. 그리고 자주 필요한 일이기도 하다. 물론 우리는 다음과 같이 for 루프를 기반으로 이러한 일을 진행할 수 있다.

```
>>> ds = [1, 2, 3, 4]
>>> for i in ds:          # ds에 저장된 것 하나씩 꺼내서 출력하는 for 루프
        print(i, end = ' ')

1 2 3 4
```

사실 위의 방법만으로도 원하는 일 대부분을 처리할 수 있다. 그러나 값을 꺼내는 방법이 조금 더 유연하다면 우리가 할 수 있는 일의 범위는 더 넓어질 것이다. 그래서 그 유연한 방법을 소개하고자 한다. 그럼 이와 관련해서 다음 예를 보자.

```
>>> ds = [1, 2, 3, 4]
>>> ir = iter(ds)        # iterator 객체를 얻는 방법
>>> next(ir)      # iterator 객체를 통해 값을 하나 꺼내는 방법, 첫 번째 값 반환
1
>>> next(ir)       # 두 번째 값 반환
2
>>> next(ir)       # 세 번째 값 반환
3
>>> next(ir)       # 네 번째 값 반환
4
```

위 예제에서는 iter라는 이름의 함수를 호출하면서 리스트를 전달했다. 그러면 iter 함수는 객체를 생성해서 반환하는데, 이는 리스트에서 값을 꺼내는 기능을 제공하는 객체이다. 그리고 이러한 구조를 그림으로 정리하면 다음과 같다.

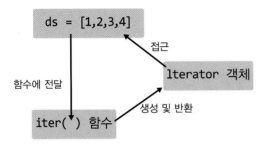

[그림 05-1 : Iterator 객체]

즉 위 예제에서는 다음과 같이 리스트 ds를 전달하면서 iter 함수를 호출하였다.

```
ir = iter(ds)      # iterator 객체를 얻는 방법
```

그러면 iter 함수는 리스트 ds에 접근하는 도구인 'iterator 객체'라는 것을 생성해서 반환한다. 즉 위의 문장이 실행되면 변수 ir은 'iterator 객체'를 참조하는(저장한) 상황이 된다. 그럼 이어서 이 객체를 전달하면서 다음과 같이 next 함수를 호출해서 리스트에 저장된 값을 하나씩 얻을 수 있다.

```
next(ir)            # 다음 값을 반환해라!
```

사용 방법은 단순하다. 계속해서 next 함수를 호출하면서 'iterator 객체'를 전달하면 된다. 그러면 첫 번째 값부터 마지막 값까지 순차적으로 반환된다. 그리고 마지막 값을 얻었음에도 불구하고 다시 next 함수를 호출하면 다음과 같이 StopIteration 예외가 발생한다.

```
>>> next(ir)
Traceback (most recent call last):
  File "<pyshell#17>", line 1, in <module>
    next(ir)
StopIteration
```

그렇다면 다시 처음부터 값을 얻으려면 어떻게 해야 할까? 다음 예제에서 보이듯이 iterator 객체를
다시 얻으면 된다.

```
>>> ds = [1, 2]
>>> ir = iter(ds)          # iterator 객체 얻음
>>> next(ir)
1
>>> next(ir)
2
>>> next(ir)      # 마지막 값을 이미 반환했기 때문에 StopIteration 예외 발생
Traceback (most recent call last):
    File "<pyshell#24>", line 1, in <module>
        next(ir)
StopIteration
>>> ir = iter(ds)          # 다시 iterator 객체 얻음
>>> next(ir)
1
>>> next(ir)
2
```

이런 방식으로 값을 꺼내게 되면 원하는 시기에 하나씩 값을 꺼낼 수 있다. 이는 마치 아이가 먹고 싶을
때마다 사탕을 하나씩 꺼내 먹는 것과 같다. 사탕 전체를 계속 꺼내 먹을 수도 있지만 마지막 사탕은 남
겨 뒀다가 내일 먹을 수도 있는 것이다. 즉 꺼내는 방법과 꺼낸 값을 처리하는 방법에 있어서도 유연성
이 생긴다.


## [Iterable 객체와 Iterator 객체의 구분]

iter 함수가 반환하는 객체를 가리켜 'iterator 객체'라 하고 iterator 객체를 얻을 수 있는 리스
트와 같은 객체를 가리켜 'iterable 객체'라 한다. ('iterator 객체'는 '아이터레이터 객체'라 읽고
'iterable 객체'는 '아이터러블 객체'라 읽는다.)

| | |
|---|---|
| Iterable 객체 | iter 함수에 인자로 전달 가능한 객체 |
| Iterator 객체 | iter 함수가 생성해서 반환하는 객체 |

즉 어떤 객체가 iterable 객체인지 확인하는 가장 쉬운 방법은 iter 함수에 전달해 보는 것이다. 전달 결과로 오류 없이 iterator 객체가 만들어진다면 이는 iterable 객체인 것이다. 그리고 이 두 용어를 앞으로 자주 보게 될 것이다. 본서가 아니더라도 파이썬을 계속 사용하게 된다면 자주 보게 될 것이다. 따라서 잘 정리해 둘 필요가 있다. 다음과 같이 한번 정리해 두면 헷갈리지 않는다.

"iterable 객체를 대상으로 iter 함수를 호출해서 iterator 객체를 만든다."

또는 다음과 같이 정리해도 좋다.

"iterator 객체를 생성할 수 있는 대상이 되는 것이 iterable 객체이다."

조금이라도 독자분들의 기억에 남겨 드리고 싶은 마음에서 필자가 같은 설명을 반복하였다.

## [스페셜 메소드]

앞서 다음과 같은 방식으로 예제를 작성했기 때문에 iter 함수와 next 함수는 객체에 속하지 않는 함수처럼 보인다.

```
>>> ds = [1, 2, 3]
>>> ir = iter(ds)
>>> next(ir)
1
>>> next(ir)
2
```

그러나 위 예제의 실제 함수 호출 형태는 다음과 같다.

```
>>> ds = [1, 2, 3]
>>> ir = ds.__iter__()        # iter 함수 호출의 실제 모습
>>> ir.__next__()        # next 함수 호출의 실제 모습
1
>>> ir.__next__()
2
```

즉 iter 함수 호출은 파이썬 인터프리터에 의해 __iter__ 메소드 호출로 이어지고,

    ir = iter(ds)        ⇨        ir = ds.__iter__()

next 함수 호출은 __next__ 메소드 호출로 이어진다.

    next(ir)             ⇨        ir.__next__()

따라서 다음과 같이 정리할 수 있다.

    "리스트의 __iter__ 메소드 호출을 통해서 iterator 객체를 얻게 된다."

    "iterator 객체의 __next__ 메소드 호출을 통해서 값을 하나씩 얻게 된다."

그리고 이렇듯 직접 호출하지 않아도 파이썬 인터프리터에 의해서 호출되는 메소드를 가리켜 다음과 같이 부른다.

    스페셜 메소드(Special Method)        파이썬 인터프리터에 의해서 호출되는 메소드

객체 생성 시 자동으로 호출되는 __init__ 메소드도 스페셜 메소드이다. 그리고 이미 짐작했겠지만 스페셜 메소드는 그 나름의 이름 규칙이 있다. 이름의 앞과 뒤에 _를 두 개씩 붙여주는 것이다. 앞으로도 다양한 스페셜 메소드를 접하게 되니 지금은 그 존재를 알게 된 것에 만족하자.


## [Iterable 객체의 종류와 확인 방법]

우리는 리스트를 통해서 iterator 객체를 얻을 수 있다. 그럼 혹시 튜플이나 문자열을 통해서도 iterator 객체를 얻을 수 있지 않을까? 맞다. 얻을 수 있다. 그럼 먼저 튜플을 대상으로 이 사실을 확인해보겠다.

```
>>> td = ('one', 'two', 'three')
>>> ir = iter(td)        # 튜플을 대상으로 iterator 객체 반환을 명령
>>> next(ir)      # iterator 객체를 통해 튜플에 저장된 첫 번째 값을 얻음
'one'
>>> next(ir)      # 두 번째 값을 얻음
'two'
>>> next(ir)      # 세 번째 값을 얻음
'three'
```

마찬가지로 문자열을 대상으로도 iterator 객체를 얻을 수 있다.

```
>>> s = "iteration"
>>> ir = iter(s)
>>> next(ir)
'i'
>>> next(ir)
't'
>>> next(ir)
'e'
```

즉 리스트, 튜플, 문자열은 모두 iterator 객체를 반환하는 'iterable 객체'이다. 참고로 다음과 같이 dir 함수를 호출해서 __iter__ 메소드가 존재하는지 확인하는 방법으로도 iterable 객체인지 아닌지 판단할 수 있다.

```
>>> dir([1, 2])      # 리스트 객체 안에 있는 것들의 이름을 보여라
['__add__', '__class__', '__contains__', '__delattr__', '__
delitem__', '__dir__', '__doc__', '__eq__', '__format__', '__
ge__', '__getattribute__', '__getitem__', '__gt__', '__hash__', '__
iadd__', '__imul__', '__init__', '__init_subclass__', '__iter__',
'__le__', '__len__', '__lt__', '__mul__', '__ne__', '__new__',
'__reduce__', '__reduce_ex__', '__repr__', '__reversed__', '__
rmul__', '__setattr__', '__setitem__', '__sizeof__', '__str__',
'__subclasshook__', 'append', 'clear', 'copy', 'count', 'extend',
'index', 'insert', 'pop', 'remove', 'reverse', 'sort']
```

만약에 True 또는 False로 답을 듣기 원한다면 다음과 같이 hasattr 함수 호출을 통해서 __iter__ 함수가 있는지 직접 물어볼 수도 있다.

```
>>> hasattr([1, 2], '__iter__')       # 리스트에 __iter__ 함수가 있나요?
True
```

## [for 루프와 Iterable 객체]

사실 for 루프도 값을 하나씩 꺼내기 위해 iterable 객체를 생성해서 이것의 도움을 받는다. 즉 다음 코드는,

```
>>> for i in [1, 2, 3]:
        print(i, end = ' ')

1 2 3
```

내부적으로 다음과 같은 형태로 동작한다.

```
>>> ir = iter([1, 2, 3])     # iterator 객체를 얻는다.
>>> while True:
        try:
            i = next(ir)     # iterator 객체를 통해서 값을 하나씩 꺼낸다.
            print(i, end = ' ')
        except StopIteration:          # 더 이상 꺼낼 것이 없으면,
            break        # 이 루프를 탈출한다.

1 2 3
```

따라서 for 루프의 반복 대상은 반드시 'iterable 객체'이어야 한다. iter 함수의 인자로 전달이 가능한 iterable 객체이어야 한다. 그래서 iterable 객체인 리스트, 튜플, 문자열은 for 루프의 반복 대상이 될 수 있는 것이다.

그런데 다음 예에서 보이듯이 for 루프에 iterable 객체가 아닌 iterator 객체를 두어도 정상적으로 동작을 한다.

```
>>> ir = iter([1, 2, 3])     # ir에 저장되는 것은 iterator 객체
>>> for i in ir:     # for 루프에 iterator 객체를 가져다 두었다.
        print(i, end = ' ')

1 2 3
```

이렇듯 iterator 객체를 가져다 두어도 잘 동작하는 이유는 iter 함수에 iterator 객체를 전달하면 전달된 iterator 객체를 그대로 되돌려 주기 때문이다. 다음 예제에서 보이듯이 말이다.

```
>>> ir1 = iter([1, 2, 3])      # 리스트의 iterator 객체를 얻음
>>> ir2 = iter(ir1)        # iterator 객체를 전달하면서 다시 iterator 객체를 얻음
>>> ir1 is ir2       # ir1과 ir2가 참조하는 객체는 같은 객체이다.
True
>>> id(ir1)      # ir1이 참조하는 객체의 위치 정보 확인
56478576
>>> id(ir2)      # ir2가 참조하는 객체의 위치 정보 확인
56478576
```

따라서 이러한 이해를 바탕으로 다음과 같이 정리해 두는 것도 좋다.

　　"iterable 객체와 iterator 객체 모두 for 루프의 반복 대상이 될 수 있다."

그리고 다음과 같이 더 높은 수준으로 한 번 더 정리해두면 좋겠다. 이는 파이썬 코드를 다양하게 구성하는 데 있어서 알고 있어야 하는 중요한 사실이기 때문이다.

　　"iterable 객체가 와야 하는 위치에는 iterator 객체가 올 수 있다."

이는 iterable 객체와 마찬가지로 iterator 객체도 iter 함수의 인자가 될 수 있고 또 그 결과로 iterator 객체가 반환되기 때문이다. 비록 iter 함수에 전달된 iterator 객체가 그대로 반환되는 것이지만 말이다.

## Story 06 객체처럼 다뤄지는 함수 그리고 람다

### [파이썬에서는 함수도 객체]

파이썬은 모든 것을 객체로 처리한다. 다음 예에서 보이듯이 정수나 실수도 객체이다.

```
>>> x = 3.0        # 실수 3.0
>>> type(x)        # 실수는 float형 클래스의 객체임을 확인한다.
<class 'float'>
>>> x.is_integer()      # 소수점 이하에 값이 있는지 묻는 메소드 호출
True
```

위의 예에서 변수 x를 대상으로 is_interger 메소드를 호출하고 있는데 이는 x에 담긴 실수 3.0이 객체라는 증가가 된다. 그런데 파이썬은 함수도 객체로 처리한다. 다시 말해서 함수도 객체이다. 그럼 이와 관련해서 다음 예를 보자.

```
>>> def func1(n):     # 매개변수가 있고 값을 반환하는 함수
        return n

>>> def func2():      # 매개변수 없고 값의 반환도 없는 함수
        print("hello")

>>> type(func1)       # func1은 function 클래스의 객체임을 확인한다.
<class 'function'>
>>> type(func2)       # func2는 function 클래스의 객체임을 확인한다.
<class 'function'>
```

위의 예에서 보이듯이 함수는 하는 일이나 매개변수의 유무 그리고 반환 값의 유무에 상관없이 모두 'function이라는 클래스의 객체'이다. 즉 우리가 함수를 정의하면 파이썬은 그 함수의 내용을 기반으

로 function 클래스의 객체를 생성하는 것이다. 그렇다면 함수도 객체라는 사실이 의미하는 바는 무엇일까? 일단 다음과 같이 '매개변수에 함수를 전달할 수 있음'을 의미한다.

```
>>> def say1():
        print('hello')

>>> def say2():
        print('hi~')

>>> def caller(fct):
        fct()    # fct를 통해 전달된 함수를 호출

>>> caller(say1)    # say1 함수를 caller에 전달
hello
>>> caller(say2)    # say2 함수를 caller에 전달
hi~
```

그리고 다음과 같이 함수 내에서 '함수를 만들어서 이를 반환할 수 있다'는 것도 의미한다. (아래 코드는 조금 어려울 수 있는데, 이어서 자세히 설명한다. 그래도 일단 분석해보자.)

```
>>> def fct_fac(n):
        def exp(x):       # 함수 내에서 정의된, x의 n제곱을 반환하는 함수
            return x ** n
        return exp        # 위에서 정의한 함수 exp를 반환한다.

>>> f2 = fct_fac(2)       # f2는 제곱을 계산해서 반환하는 함수를 참조한다.
>>> f3 = fct_fac(3)       # f3는 세제곱을 계산해서 반환하는 함수를 참조한다.
>>> f2(4)         # 4의 제곱은?
16
>>> f3(4)         # 4의 세제곱은?
64
```

위의 예에서 fct_fac 함수를 보자. 이 함수는 함수를 만들어서 반환한다. 그러니까 함수를 만드는 공장이라 할 수 있다.

```
def fct_fac(n):
    def exp(x):          # n에 전달된 값을 이용해서(기반으로) 함수를 만든다.
        return x ** n
    return exp           # 만들어진 함수를 반환한다.
```

예를 들어서 2를 전달하면서 fct_fac 함수를 호출하면 내부적으로 다음 형태의 함수가 만들어진다.

```
def exp(x):
    return x ** 2
```

그리고 다음 문장에 의해서 이렇게 만들어진 함수가 반환된다.

```
return exp
```

반면 3을 전달하면서 fct_fac 함수를 호출하면 다음 형태의 함수가 만들어지고 반환된다.

```
def exp(x):
    return x ** 3
```

따라서 fct_fac는 함수를 만드는 공장이라 할 수 있다. 그리고 이렇듯 함수를 만들어서 반환할 수 있는 이유는 함수도 객체이기 때문이다.


## [람다]

함수를 만들 때 고민하게 되는 것 중 하나가 함수의 이름이다. 그런데 함수의 이름이 크게 의미를 갖지 않는 경우도 있다. 앞서 보인 fct_fac 함수 안에 있는 exp 함수가 그렇다. 예제에서 보였듯이 exp라는 이름은 그저 함수를 반환하기 위한 용도로만 사용되었다. (exp라는 이름은 함수 호출 시 사용되지 않는다.) 때문에 이러한 경우에는 이름 없는 함수를 만들어서 고민거리 하나를 줄이는 것이 좋을 수도 있다. 그럼 이어서 '이름 없는 함수'의 정의 방법을 소개하겠다. 이와 관련해서 먼저 다음 예를 보자.

```
>>> def show(s):
        print(s)

>>> ref = show        # show 함수를 ref가 참조하게 한다. 함수가 객체라 가능!
>>> ref('hi~')        # ref로 show 함수를 호출
hi~
```

위의 예에서 보인 다음 문장으로 인해 사실상 show 함수에 ref라는 이름이 하나 더 붙게 된다.

```
ref = show
```

따라서 show라는 이름으로 호출하거나 ref라는 이름으로 호출하거나 그 결과는 같다. 그리고 위 예제
에서는 show라는 이름으로 함수를 호출하지 않고 ref라는 이름으로만 함수를 호출했다. 따라서 위 예
제의 show 함수를 이름 없는 형태로 정의해서 변수 ref에 담아보려고 한다. 그러니까 위 예제와 동일
한 예제인데 show라는 이름만 하나 없애 보는 것이다. 그리고 그 결과는 다음과 같다.

```
>>> ref = lambda s: print(s)      # 람다 기반의 함수 정의
>>> ref('oh~')
oh~
```

위의 코드를 보면 느낄 수 있을 것이다. 이름만 없어진 게 아니라 전체적인 코드도 간결해졌다는 사실
을 말이다. 그리고 이렇듯 이름 없이 만들어진 함수를 가리켜 '람다 함수(lambda function)' 또는
'람다식(lambda expression)' 또는 확 줄여서 그냥 '람다'라고도 한다. 먼저 람다의 기본 구조를 보
이면 다음과 같다.

```
lambda args: expression
```

위에서 매개변수 선언을 args에 둔다. 그리고 함수의 몸체(내용)을 expression에 두면 이름 없는 함
수가 만들어져서 반환된다. 물론 이름이 없는 함수가 만들어져서 반환되는 것이기 때문에 위에서 보인
것과 같이 이를 변수에 저장해야 한다. 정리하면 다음 람다식을 보고,

```
ref = lambda s: print(s)
```

다음과 같이 이해하면 된다.

이 람다 함수의 매개변수는 s이다.          ref = lambda s: print(s)

s를 가지고 실행할 함수 몸체는 print(s)이다.     ref = lambda s: print(s)

이렇게 해서 생성된 함수를 ref에 저장한다.     ref = lambda s: print(s)

그럼 몇몇 예를 더 보이겠다. 다음은 매개변수가 둘 이상인 람다식의 정의를 보여준다.

```
>>> f1 = lambda n1, n2: n1 + n2
>>> f1(3, 4)
7
```

위의 예에서 매개변수 선언은 다음과 같다. 이렇듯 매개변수가 둘 이상인 경우 이를 콤마로 구분해야 한다.

```
lambda n1, n2: n1 + n2        # n1과 n2는 매개변수
```

그리고 몸체에서는 이 둘의 덧셈을 진행하고 있다.

```
lambda n1, n2: n1 + n2        # n1 + n2는 함수의 몸체에 해당한다.
```

이렇듯 몸체 부분에서 어떤 연산의 결과로 값이 만들어지면, 그 값은 함수의 반환 값이 된다. 즉 위의 람다식은 다음과 같이 이해할 수 있다.

```
lambda n1, n2: return n1 + n2      # 실제로 return을 넣으면 안 된다. 오류로 이어진다.
```

다음과 같이 람다식에서 함수를 호출하는 것도 가능하다. 그리고 그 함수가 값을 반환하면 그 값 역시 반환이 된다.

```
>>> f2 = lambda s: len(s)
>>> f2('simple')
6
```

위 예제의 람다식도 다음과 같이 return이 있는 것으로 생각하면 된다.

```
f2 = lambda s: return len(s)     # 실제로 return을 넣으면 안 된다. 오류로 이어진다.
```

즉 연산 혹은 함수 호출을 통해서 값이 남게 되면 그 값이 반환된다고 생각하자. 그리고 다음 예에서 보이듯이 매개변수가 없는 경우에는 그냥 그 자리를 비워 두면 된다.

```
>>> f3 = lambda : print('yes~')
>>> f3()
yes~
```

람다식은 최대한 간단하게 작성하는 것이 좋다. 조금만 복잡해져도 이해하기 어려운 내용이 되기 때문이다. 그럼 앞서 작성했던 '함수 만드는 공장'을 람다식을 기반으로 작성해보겠다.

```
>>> def fct_fac(n):      # 앞서 작성했던 fac_fac 함수의 람다식 버전
        return lambda x: x ** n      # 람다식 기반으로 함수 만들어서 반환

>>> f2 = fct_fac(2)
>>> f3 = fct_fac(3)
>>> f2(4)
16
>>> f3(4)
64
```

이 경우는 람다식을 사용했기 때문에 코드가 더 간결해졌다. 이렇듯 람다식은 보는 순간 쉽게 파악이 가능한 수준에서 작성하는 것이 좋다.

Story
07

# map & filter

## [map]

이번에 소개하는 기본 함수인 map은 예제를 통해서 이해하는 게 빠르다. 따라서 이를 위해 함수를 하나 정의하고 리스트도 하나 선언하겠다.

```
>>> def pow(n):
        return n ** 2        # n의 제곱 값을 계산해서 반환

>>> st1 = [1, 2, 3]
```

이제 위에서 정의한 pow 함수와 st1이 참조하는 리스트를 이용해서 다음과 같은 리스트를 만들어보고자 한다.

```
st2 = [1, 4, 9]        # 1의 제곱과 2의 제곱과 3의 제곱으로 채워진 리스트
```

이는 st1의 값들을 pow 함수에 넣어서 반환된 값들로 이뤄진 리스트이다. 그럼 어떻게 해야 이 리스트를 만들 수 있겠는가? 다음과 같이 만드는 방법이 하나 있다.

```
>>> st1 = [1, 2, 3]
>>> st2 = [pow(st1[0]), pow(st1[1]), pow(st1[2])]    # 값을 일일이 넣어서 pow 함수 호출
>>> st2
[1, 4, 9]
```

그런데 이는 정말 불편한 코드다. 리스트의 길이가 긴 경우 문제가 될 수 있고, 또 이렇게 일일이 함수를 호출하는 것도 번거로운 일이기 때문이다. 그런데 다행히도 이런 일을 map 함수가 대신해준다.

```
>>> def pow(n):
        return n ** 2

>>> st1 = [1, 2, 3]
>>> st2 = list(map(pow, st1))     # map은 st1의 값들을 전달하면서 pow를 호출!
>>> st2
[1, 4, 9]
```

일단 위의 예에서 다음 map 함수 호출 부분만 놓고 보자.

```
list(map(pow, st1))
```

map 함수는 st1에 저장된 값들을 하나씩 전달하면서 pow 함수를 호출해준다. 즉 st1에 저장된 값의
수만큼 pow 함수가 호출되며 그것이 map 함수가 하는 일이다. 단 이때 map의 두 번째 전달 대상은
iterable 객체여야 한다.

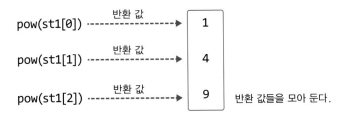

[그림 07-1: map(pow, st1) 호출 시 map이 하는 일]

그럼 이때 pow 함수가 반환하는 값들은 어떻게 얻을 수 있을까? map은 객체를 하나 반환하는데 그
객체는 iterator 객체이다. 따라서 다음과 같은 방식으로 그 값들을 얻을 수 있다.

```
>>> def pow(n):
        return n ** 2

>>> st = [1, 2, 3]
>>> ir = map(pow, st)
>>> for i in ir:        # ir은 iterator 객체이므로 for 루프에 올 수 있음
        print(i, end = ' ')

1 4 9
```

그런데 이번 스토리에서 처음 언급한 목표는 반환되는 값으로 이뤄진 리스트를 만드는 것이었으므로 앞서 보인 예제에서는 다음과 같이 문장을 작성하였다. (이 경우 list 함수는 map이 반환하는 iterator 객체에서 모든 값을 꺼내서 리스트를 생성한다.)

    st2 = list(map(pow, st1))           # list 함수에 iterator 객체 전달 가능하다.

그리고 지금 보인 예에서는 map에 리스트를 전달했지만, 다음에서 보이듯이 튜플도 전달 가능하고 문자열도 전달이 가능하다. 즉 iterable 객체이면 무엇이든 전달 가능하다.

```
>>> def dbl(e):
        return e * 2

>>> list(map(dbl, (1, 3, 4)))     # 튜플 (1, 3, 4)를 map에 전달
[2, 6, 8]
>>> list(map(dbl, 'hello'))       # 문자열 'hello'를 map에 전달
['hh', 'ee', 'll', 'll', 'oo']
```

이로써 map에 대한 기본적인 설명이 끝났다. 그럼 이번에는 다음 함수와 리스트를 대상으로 map 함수를 호출해보겠다.

```
>>> def sum(n1, n2):
        return n1 + n2

>>> st1 = [1, 2, 3]
>>> st2 = [3, 2, 1]
```

목적은 이렇다. st1과 st2에 있는 값들을 각각 더해서 다음 형태의 리스트를 만들고자 한다. (같은 위치의 값들끼리 더해서 얻은 결과이다.)

```
[4, 4, 4]
```

그러면 다음과 같이 map 함수를 호출하면 된다.

```
>>> st3 = list(map(sum, st1, st2))   # 위에서 보인 sum 함수가 정의되어 있다고 가정
>>> st3
[4, 4, 4]
```

위에서는 map에 sum을 전달했다. 그런데 sum은 매개변수가 둘이므로 map은 두 개의 iterable 객체를 요구한다. 그래서 다음과 같이 총 세 개의 객체가 map에 전달되었다.

```
st3 = list(map(sum, st1, st2))
```

## [map과 람다]

먼저 보편적인 그리고 이미 알고 있을 만한 슬라이싱 연산의 예를 보이겠다.

```
>>> st = [1, 2, 3, 4, 5, 6, 7, 8]
>>> st[ : ]          # 처음부터 끝까지 모든 값을 꺼내서 리스트 생성
[1, 2, 3, 4, 5, 6, 7, 8]
>>> st[ : :1]        # 처음부터 끝까지 한 칸씩 뛰면서 값을 꺼내 리스트 생성
[1, 2, 3, 4, 5, 6, 7, 8]
>>> st[ : :2]        # 처음부터 끝까지 두 칸씩 뛰면서 값을 꺼내 리스트 생성
[1, 3, 5, 7]
>>> st[ : :3]        # 처음부터 끝까지 세 칸씩 뛰면서 값을 꺼내 리스트 생성
[1, 4, 7]
```

위의 예에 대해서는 별도의 설명이 필요 없을 것 같다. 그런데 다음 사실은 필자가 기초편에서 언급하지 않았기 때문에 잠깐 소개하고자 한다.

"슬라이싱 연산에서 세 번째 값이 음수이면 값을 꺼내는 방향이 달라진다."

즉 다음 예에서 보이듯이 슬라이싱 연산의 세 번째 값이 음수이면 저장 순서를 뒤집은 결과를 만들 수 있다.

```
>>> st = [1, 2, 3, 4, 5, 6, 7, 8]
>>> st[ : :-1]
[8, 7, 6, 5, 4, 3, 2, 1]
```

그리고 슬라이싱 연산은 문자열을 대상으로도 할 수 있기 때문에 다음과 같이 문자열을 뒤집는데도 사용할 수도 있다.

```
>>> s = 'hello'
>>> s[ : :-1]
'olleh'
```

자! 그럼 이런 사실을 바탕으로 리스트에 담긴 문자열들을 모두 뒤집어서 새 리스트에 담는 코드를 만들어보겠다.

```
>>> def rev(s):
        return s[ : :-1]      # 전달된 내용의 순서를 뒤집어서 반환

>>> st = ['one', 'two', 'three']
>>> rst = list(map(rev, st))
>>> rst
['eno', 'owt', 'eerht']
```

그런데 이런 수준으로 rev 함수를 정의하는 경우, 다음에서 보이듯이 람다식을 기반으로 코드를 작성하는 것이 더 간결해 보인다.

```
>>> st = ['one', 'two', 'three']
>>> rst = list(map(lambda s: s[ : :-1], st))
>>> rst
['eno', 'owt', 'eerht']
```

위의 경우 별도의 함수를 정의하지 않아도 된다는 장점이 있다. 그리고 사실 코드 자체도 더 읽기 쉽다. 람다식에 익숙하다면 말이다.

## [filter]

이번에 소개하는 filter 함수도 map과 마찬가지로 함수를 인자로 전달받는다. 그리고 이 함수는 값을 걸러내는 기준이 된다. 즉 filter 함수는 값을 걸러내는 기능을 제공하는 함수이다. 그럼 먼저 간단한 예를 보이겠다.

```
>>> def is_odd(n):
        return n % 2      # 홀수이면 True 반환

>>> st = [1, 2, 3, 4, 5]
>>> ost = list(filter(is_odd, st))
>>> ost
[1, 3, 5]
```

위 예제의 다음 문장에서 filter 함수의 호출 부분을 보자.

    ost = list(filter(is_odd, st))        # is_odd를 기준으로 st에 저장된 값들 중 일부 걸러 냄

위의 문장에서 보이듯이 filter 함수의 첫 번째 인자는 다음과 같아야 한다.

    "True 또는 False를 반환하는 함수"

그리고 두 번째 인자는 다음과 같아야 한다.

    "리스트나 튜플과 같이 값을 저장하고 있는 iterable 객체"

즉 위 예제에서 filter는 st에 저장된 값들을 하나씩 꺼내서 is_odd에 전달한다. 그리고 is_odd가 True를 반환하는 값들만 따로 모은다. 그리고 이 값들을 얻을 수 있는 iterator 객체를 반환한다. 그럼 이번에는 위 예제를 람다식을 기반으로 다시 작성해 보겠다.

```
>>> st = [1, 2, 3, 4, 5]
>>> ost = list(filter(lambda n: n % 2, st))
>>> ost
[1, 3, 5]
```

이번에는 10 이하의 자연수 중에서 3의 배수만 리스트에 담는 예를 filter와 람다식을 기반으로 작성해보겠다.

```
>>> st = list(range(1, 11))        # st = [1, 2, 3, 4, 5, 6, 7, 8, 9, 10]
>>> fst = list(filter(lambda n: not(n % 3), st))
>>> fst
[3, 6, 9]
```

사실 위의 예에서 st는 다음과 같이 선언해도 결과는 같다. range 객체도 iterable 객체이므로 filter의 두 번째 인자가 될 수 있기 때문이다.

    st = range(1, 11)

이번에는 map과 filter를 다 사용하는 예를 만들어 보겠다. 다음은 1 ~ 10의 제곱을 리스트에 담되

3의 배수만 담은 예이다. 1 ~ 10의 제곱을 만들기 위해서 map이 사용되고, 이 중에서 3의 배수만을 담기 위해 filter가 사용되었다.

```
>>> st = list(range(1, 11))
>>> fst = list(filter(lambda n: not(n % 3), map(lambda n: n**2, st)))
>>> fst
[9, 36, 81]
```

조금 복잡해 보일 수 있으니 위 예제의 다음 문장을 나눠서 설명하겠다.

```
fst = list(filter(lambda n: not(n % 3), map(lambda n: n**2, st)))
```

일단 위의 문장에서 map 함수를 호출하는 부분이 먼저 진행된다.

```
fst = list(filter(lambda n: not(n % 3), map(lambda n: n**2, st)))
```

이를 통해서 리스트 st에 저장된 값들의 제곱에 해당하는 다음 값들이 만들어진다.

```
1, 4, 9, 16, 25, 36, 49, 64, 81, 100
```

그리고 위의 값들을 하나씩 얻을 수 있는 iterator 객체가 반환되어 다음의 filter 함수 호출이 진행된다. (map이 반환한 iterator 객체를 아래에서 ir1이라 하였다.)

```
fst = list(filter(lambda n: not(n % 3), ir1))
```

그리고 위의 filter 함수를 통해서 3의 배수만 통과되어 다음 값들만 남게 된다.

```
9, 36, 81
```

마지막으로 위의 값들을 하나씩 얻을 수 있는 iterator 객체가 filter 함수 호출의 결과로 반환되어 다음의 상태가 된다. (filter가 반환한 iterator 객체를 아래에서 ir2라 하였다.)

```
fst = list(ir2)
```

그래서 결국 9와 36과 81로 이뤄진 리스트가 생성되어 변수 fst에 저장된다. 참고로 iterable 객체가 와야 하는 위치에 iterator 객체가 올 수 있음에 대해서는 'iterable 객체와 iterator 객체'를 소개하는 Story 05의 마지막 부분에서 설명하였다.

Story
08

# 두 함수를 대신하는 리스트 컴프리헨션

## [map과 filter를 대신하는 리스트 컴프리헨션]

이번 스토리의 제목이 '두 함수를 대신하는~'인데 여기서 말하는 두 함수는 map과 filter다. 그럼 앞서 힘들게 공부한 map과 filter는 필요 없는 것일까? 리스트 컴프리헨션을 이용하면 확실히 사용 빈도는 줄어든다. 그러나 다양한 이유로 map과 filter는 여전히 자주 사용이 되니 알고 있어야 한다. 자그럼 다음 예를 보자. 이는 map을 사용하는 단순한 예제이다.

```
>>> st1 = [1, 2, 3]
>>> st2 = list(map(lambda n: n**2, st1))    # 제곱의 결과를 리스트로 묶음
>>> st2
[1, 4, 9]
```

그런데 이는 Story 04에서 소개한 '리스트 컴프리헨션'을 기반으로 다음과 같이 작성할 수 있다.

```
>>> st1 = [1, 2, 3]
>>> st2 = [n**2 for n in st1]    # 제곱의 결과를 리스트로 묶음
>>> st2
[1, 4, 9]
```

그리고 다음은 filter를 사용하는 단순한 예제이다.

```
>>> st = [1, 2, 3, 4, 5]
>>> ost = list(filter(lambda n: n % 2, st))    # 홀수만 남겨서 리스트로 묶음
>>> ost
[1, 3, 5]
```

이 역시 컴프리헨션 기반으로 다음과 같이 작성할 수 있다.

```
>>> st = [1, 2, 3, 4, 5]
>>> ost = [n for n in st if n % 2]    # 홀수만 남겨서 리스트로 묶음
>>> ost
[1, 3, 5]
```

다음은 1~10의 자연수 중에서 홀수들을 대상으로 그 제곱 값을 리스트에 담는 예로써 map과 filter 가 동시에 사용되었다.

```
>>> st = list(range(1, 11))
>>> st
[1, 2, 3, 4, 5, 6, 7, 8, 9, 10]
>>> fst = list(map(lambda n: n**2, filter(lambda n: n % 2, st)))
>>> fst
[1, 9, 25, 49, 81]
```

그런데 이를 리스트 컴프리헨션 기반으로 대체하면 다음과 같이 간결해진다.

```
>>> st = list(range(1, 11))
>>> fst = [n**2 for n in st if n % 2]
>>> fst
[1, 9, 25, 49, 81]
```

위의 예에서 보이듯이 map에 filter까지 더해지는 상황에서는 확실히 리스트 컴프리헨션 기반의 코드 가 더 간결하다. 그러므로 map 또는 filter를 사용해야 하는 경우, 특히 map과 filter를 동시에 사 용해야 하는 경우에는 리스트 컴프리헨션으로 대체하는 것에 대해 생각해 볼 필요가 있다.

# 제너레이터 함수

## [제너레이터에 대한 이해와 제너레이터 함수]

이번에 소개하는 '제너레이터(Generators)'는 iterator 객체의 한 종류이다. 때문에 제너레이터를 전달하면서 next 함수를 호출하면 값을 하나씩 얻을 수 있다. 그런데 제너레이터는 파이썬의 중요한 특징 중 하나이므로 사용 여부에 상관없이 알고 있을 필요가 있다. 그럼 먼저 제너레이터를 만드는 두 가지 방법을 소개하겠다.

- 제너레이터 함수(function)      제너레이터를 만들기 위한 함수 정의
- 제너레이터 표현식(expression)   제너레이터를 만들기 위한 식

함수를 기반으로 제너레이터를 만든 예는 다음과 같다.

```
>>> def gen_num():          # 제너레이터 함수의 정의
        print('first number')
        yield 1          # yield가 하나라도 들어가면 제너레이터가 됩니다.
        print('second number')
        yield 2
        print('third number')
        yield 3

>>> gen = gen_num()          # 제너레이터 객체 생성
```

위의 예에서는 gen_num이라는 함수를 정의하였다. 그런데 이 함수에는 yield라는 것이 보인다. 일단 함수 몸체에서 이것이 하나라도 보이면 이는 단순한 함수의 정의가 아닌 '제너레이터 함수'의 정의가 된다. 그리고 이어서 다음과 같이 이 함수를 호출했는데,

```
gen = gen_num()      # gen_num의 호출
```

만약에 gen_num이 일반 함수라면 그 안에 있는 모든 내용들이 실행된다. 그러나 이 경우에는 한 문

장도 실행되지 않는다. 대신에 '제너레이터 객체'라는 것이 만들어져서 반환된다. 위의 예에 이어서 실행한 다음 결과는 그러한 사실을 보여주고 있다.

```
>>> type(gen)        # gen이 참조하는 것이 '제너레이터 객체'임을 확인하기
<class 'generator'>
```

자! 그럼 이렇게 생성된 '제너레이터 객체'는 정체가 무엇일까? 이는 다음 함수의 몸체 부분을 실행하는 도구이다.

```
def gen_num():
    print('first number')
    yield 1        # 첫 번째 next 호출에서 이 문장까지 실행됨
    print('second number')
    yield 2        # 두 번째 next 호출에서 이 문장까지 실행됨
    print('third number')
    yield 3        # 세 번째 next 호출에서 이 문장까지 실행됨
```

먼저 다음과 같이 제너레이터 객체를 전달하면서 next 함수를 호출하면 함수의 첫 번째 문장부터 시작해서 첫 번째 yield문을 만날 때까지 실행을 이어간다. 그리고 이때 yield는 return의 역할을 하게 되어서 숫자 1을 반환하게 된다.

```
>>> next(gen)        # 첫 번째 next 함수 호출
first number
1
```

이어서 next 함수를 다시 호출하면 앞서 했던 실행의 뒤를 이어서 그다음 yield문을 만날 때까지 실행을 이어간다.

```
>>> next(gen)        # 두 번째 next 함수 호출
second number
2
```

이어서 또 next 함수를 호출하면 다시 그 뒤를 이어서 다음 yield문을 만날 때까지 실행을 이어간다.

```
>>> next(gen)          # 세 번째 next 함수 호출
third number
3
```

그리고 다 실행했음에도 불구하고, 그러니까 마지막 yield문까지 실행되었음에도 불구하고 다시 next 함수를 호출하면 이번에는 StopIteration 예외가 발생한다. 제너레이터 객체 역시 iterator 객체이기 때문이다. 참고로 이렇듯 함수 호출 이후에 그 실행의 흐름을 next 함수가 호출될 때까지 미루는 (늦추는) 특성을 가리켜 'lazy evaluation'이라 한다. 그럼 이어서 다음 예를 보자.

```
>>> def gen_for():
        for i in [1, 2, 3]:
            yield i       # for 루프 돌 때마다 매번 yield문을 실행하게 된다.

>>> g = gen_for()
>>> next(g)
1
>>> next(g)
2
>>> next(g)
3
>>> next(g)
Traceback (most recent call last):
  File "<pyshell#78>", line 1, in <module>
    next(g)
StopIteration
```

위 예제의 경우 제너레이터 함수 안에 for 루프가 존재한다. 그러나 실행 방식은 동일하다. 제너레이터 객체 생성 이후에 next 함수가 호출되면 첫 번째 yield문까지 실행된다. 즉 다음 형태로 for 루프가 한차례 실행된다.

```
for i in [1, 2, 3]:
    yield i        # 이때 i의 값은 1, 따라서 1이 반환된다.
```

이어서 두 번째로 next 함수가 호출되면 다음 형태로 for 루프가 실행된다.

```
for i in [1, 2, 3]:
    yield i        # 이때 i의 값은 2, 따라서 2가 반환된다.
```

마지막으로 next 함수가 호출되면 다음 형태로 for 루프의 마지막 실행이 진행된다.

```
for i in [1, 2, 3]:
    yield i        # 이때 i의 값은 3, 따라서 3이 반환된다.
```

## [제너레이터가 갖는 장점]

위에서 제너레이터에 대한 기본적인 설명은 다하였다. 그러나 제너레이터가 갖는 의미, 필요성은 설명하지 않았다. iterator 객체처럼 동작한다는 사실만 말했을 뿐이다. (다시 한번 말하지만 제너레이터도 iterator 객체의 일종이다.) 그래서 제너레이터가 갖는 의미를 설명하려고 한다. 일단 다음 예를 보자. 이는 제너레이터를 사용하지 않은 예이다.

```
>>> def pows(s):
        r = []     # 빈 리스트
        for i in s:
            r.append(i ** 2)
        return r

>>> st = pows([1, 2, 3, 4, 5, 6, 7, 8, 9])
>>> for i in st:
        print(i, end = ' ')


1 4 9 16 25 36 49 64 81
```

위 예제에서는 pows 함수 호출을 통해서 다음 배열을 기반으로,

[1, 2, 3, 4, 5, 6, 7, 8, 9]

다음 배열을 생성해서 이 배열에 저장된 값을 하나씩 출력하였다.

[1, 4, 9, 16, 25, 36, 49, 64, 81]

그럼 이때 사용한 메모리 공간의 크기를 확인해보자. 확인하는 방법은 다음과 같다. (위의 실행에 이어서 아래 내용을 실행해야 한다.)

```
>>> import sys
>>> sys.getsizeof(st)        # 변수 st에 담긴 객체의 메모리 크기 정보 반환
100
```

이렇듯 sys 모듈을 import하고 이 모듈의 getsizeof 함수를 호출하면 객체가 차지하는(사용하고 있는) 메모리 공간의 크기를 확인할 수 있다. 즉 위의 실행 결과에서는 st에 담긴 객체가 100 바이트를 사용하고 있음을 보여준다. 자! 그럼 이번에는 내용상 같은 결과를 보이는 다음 예를 보자. 이 예는 제너레이터를 기반으로 작성되었다.

```
>>> def gpows(s):    # 제너레이터 함수
        for i in s:
            yield i ** 2

>>> st = gpows([1, 2, 3, 4, 5, 6, 7, 8, 9])
>>> for i in st:
        print(i, end = ' ')

1 4 9 16 25 36 49 64 81
```

내용과 실행 결과는 앞서 보인 예와 동일하다. 그러나 위 예제는 제너레이터를 기반으로 작성되었다. 따라서 이어서 보이듯이 이전 예제에 비해 메모리 공간을 적게 사용하였다.

```
>>> sys.getsizeof(st)          # sys 모듈이 import된 상태여야 호출 가능
64
```

언뜻 보면 큰 차이가 없는 것 같다. 그러나 앞서 작성한 예에서 사용하는 메모리 공간의 크기는 리스트의 길이에 비례에서 늘어난다. 하지만 제너레이터를 사용하는 위의 경우에는 리스트의 길이에 상관없이 사용하는 메모리 공간의 크기가 동일하다. 이유는 단순하다. 제너레이터 객체는 반환할 값들을 미리 만들어서 저장해 두지 않기 때문이다.

정리하면, 생성되는 값들을 순서대로 하나씩 가져다 쓰면 되는 상황에서는 이렇듯 제너레이터를 기반으로 코드를 작성하는 것이 합리적이다. 참고로 앞서 소개했던 map과 filter도 사실은 제너레이터 함수이다. 즉 map과 filter 함수가 반환하는 것은 iterator 객체이자 제너레이터 객체이다. 이렇듯 제너레이터의 존재를 알게 되어서 우리는 map과 filter 함수가 갖는 장점을 추가로 알게 되었다.


## [yield from]

이제 끝으로 제너레이터 함수 관련 파이썬 3.3 이상에서 사용할 수 있는 문법 하나를 더 소개하겠다. 일단 다음 제너레이터 함수를 보자. 이는 0과 1을 순서대로 던져주는(반환하는) 제너레이터이다.

```
>>> def get_nums():
        ns = [0, 1, 0, 1, 0, 1]
        for i in ns:
            yield i


>>> g = get_nums()
>>> next(g)
0
>>> next(g)
1
```

리스트에 있는 값을 하나씩 yield문을 통해서 전달하기 위해 for 루프가 다음과 같이 삽입되었다.

```
for i in ns:

    yield i
```

그런데 이를 다음과 같이 간단히 쓸 수 있다. 그리고 이것이 의미하는 바는 위의 for 루프와 완전히 동일하다.

```
yield from ns       # ns에 있는 값들을 하나씩 yield~
```

다음 예는 이러한 사실을 보여준다.

```
>>> def get_nums():
        ns = [0, 1, 0, 1, 0, 1]
        yield from ns

>>> g = get_nums()
>>> next(g)
0
>>> next(g)
1
```

## Story 10 · 제너레이터 표현식

### [하나의 문장으로 제너레이터를 구성하는 방법]

제너레이터 객체를 생성하는 방법에는 다음 두 가지가 있음을 앞서 언급하였는데,

- 제너레이터 함수(function)       제너레이터를 만들기 위한 함수 정의
- 제너레이터 표현식(expression)       제너레이터를 만들기 위한 식

이번에는 제너레이터 함수에 이어서 '제너레이터 표현식'에 대해서 설명하려고 한다. 그런데 문법적인 부분에서는 설명할 내용이 많지 않은데 그 이유는 다음과 같다.

"제너레이터 표현식은 제너레이터 함수와 마찬가지로 제너레이터 객체를 생성하는 방법이다."

"제너레이터 표현식의 문법 구성이 리스트 컴프리헨션과 거의 똑같다."

먼저 다음 함수를 보자. 이는 iterable 객체를 통해서 값을 출력하는 함수이다.

```
>>> def show_all(s):     # iterable 객체를 전달하면서 이 함수 호출
        for i in s:
            print(i, end = ' ')
```

그리고 이 함수를 사용한 예는 다음과 같다.

```
>>> st = [2 * i for i in range(1, 10)]     # 구구단 2단을 전부 저장한 리스트 생성
>>> show_all(st)     # 위에서 정의한 show_all 호출
2 4 6 8 10 12 14 16 18
```

위의 예에서는 리스트 컴프리헨션을 기반으로 구구단 2단을 출력하였다. 그리고 이를 제너레이터 함수 기반으로 다시 작성하면 다음과 같다.

```
>>> def times2():        # 제너레이터 함수의 정의
        for i in range(1, 10):
            yield 2 * i

>>> g = times2()    # 제너레이터 객체의 생성
>>> show_all(g)     # 위에서 정의한 show_all 호출
2 4 6 8 10 12 14 16 18
```

구구단 2단을 출력했다는 사실에는 차이가 없다. 그런데 제너레이터 함수를 별도로 만들어야 해서 번거롭다. 비록 리스트에 구구단 2단 전체를 저장하는 일이 없어서 메모리 효율성은 더 좋아졌지만 그래도 번거로운 것은 사실이다. 즉 장점과 단점이 명확하다.

장점        메모리를 효율적으로 사용했다.

단점        함수를 별도로 정의해야 한다.

그런데 이러한 상황에서 다음과 같이 제너레이터 표현식을 사용하면 간결함과 메모리의 효율성이라는 두 마리 토끼를 동시에 잡을 수 있다. (아래의 예는 앞서 정의한 show_all 함수가 있어야 한다.)

```
>>> g = (2 * i for i in range(1, 10))    # 표현식 기반 제너레이터 생성
>>> show_all(g)        # 위에서 정의한 show_all 호출
2 4 6 8 10 12 14 16 18
```

일단 다음 두 문장을 비교해보자.

```
st = [2 * i for i in range(1, 10)]       # 리스트 컴프리헨션
g = (2 * i for i in range(1, 10))        # 제너레이터 표현식
```

위에서 보이듯이 제너레이터 표현식은 괄호만 [ . . . ]에서 ( . . . )로 바뀌었을 뿐 그 안을 채우는 방법은 리스트 컴프리헨션과 똑같다. 이렇다 보니 이를 가리켜 '튜플 컴프리헨션'이 아닌까 의심하는 경우도 있다. 하지만 이는 제너레이터 객체의 생성으로 이어지는 '제너레이터 표현식'이다. 따라서 다음에서 보이듯이 next 함수가 호출될 때마다 값을 하나씩 반환한다.

```
>>> g = (2 * i for i in range(1, 10))
>>> next(g)        # 이때 2 * 1을 계산해서 반환
2
>>> next(g)        # 이때 2 * 2를 계산해서 반환
4
```

혹시 리스트 컴프리헨션 마냥 미리 만들어 놓고 하나씩 던져주는 것은 아닐까 의심이 되는가? 절대 아니다. next 함수가 호출되어야 비로소 값을 만들어서 반환을 한다. 제너레이터의 최대 핵심이자 장점이 'lazy evaluation'인데 이러한 특성을 버렸겠는가! 그래도 의심되는 분들을 위해 다음 예를 제시한다.

```
>>> def two():
        print('two')      # two 함수 호출 시에 two라는 문자열 출력
        return 2

>>> g = (two() * i for i in range(1, 10))      # 이때 two 함수 호출 안됨
>>> next(g)        # 이때 two 함수 한번 호출
two
2
>>> next(g)        # 이때 two 함수 한번 호출
two
4
```

위의 예에서 next 함수 호출 시마다 문자열 'two'가 하나씩 출력되었다는 것은 next 함수가 호출되는 순간에 던져줄 값이 만들어진 증거로 볼 수 있다.


[제너레이터 표현식을 직접 전달하기]

다음과 같이 함수 호출 시 제너레이터 표현식을 인자로 바로 전달할 수도 있다.

```
>>> def show_all(s):
        for i in s:
            print(i, end = ' ')

>>> show_all((2 * i for i in range(1, 10)))    # 제너레이터 표현식을 직접 전달
2 4 6 8 10 12 14 16 18
```

이 경우 소괄호가 두 번 겹쳐져서 보기 불편한다. 그래서 이렇듯 함수에 제너레이터 표현식을 바로 전달할 경우에는 다음과 같이 소괄호를 생략할 수 있다.

```
>>> show_all(2 * i for i in range(1, 10))      # 위에서 정의한 show_all 호출
2 4 6 8 10 12 14 16 18
```

이렇게 해서 제너레이터 표현식을 어떻게 만들고 또 제너레이터 함수와 비교해서 어떤 장점이 있는지 알게 되었다. 사실 그 장점이라는 것은 '표현의 간결함'인데 표현해야 할 식이 복잡해지면 그 장점을 잃게 되어 제너레이터 함수를 사용하느니만 못하게 될 수도 있다. 따라서 이러한 부분도 신경을 써야 한다. 결론적으로 제너레이터 함수도 제너레이터 표현식도 상황별로 더 어울리는 경우가 있으니 둘 다 만들 수 있어야 한다.

**튜플의 패킹과 언패킹**

## [패킹과 언패킹]

튜플로 값을 묶는 행위를 가리켜 '튜플 패킹(tuple packing)'이라 하고 반대로 튜플로 묶여 있는 값들을 풀어내는 행위를 가리켜 '튜플 언패킹(tuple unpacking)'이라 한다.

튜플 패킹          하나 이상의 값을 튜플로 묶는 행위

튜플 언패킹        튜플에 묶여 있는 값들을 풀어내는 행위

예를 들어서 다음과 같이 삼각형의 정보를(밑변과 높이 정보를) 튜플로 묶으면 이것이 튜플 패킹이다.

```
>>> tri_one = (12, 15)        # 밑변 길이 12와 높이 길이 15를 묶어 놓은 것
>>> tri_one
(12, 15)
```

튜플 패킹은 우리에게 이미 익숙하다. 그리고 튜플 패킹은 다음과 같이 할 수도 있다.

```
>>> tri_two = 23, 12        # 사실 튜플 패킹은 소괄호가 없어도 됨
>>> tri_two
(23, 12)
```

반대로 다음과 같이 튜플에 저장된 값을 꺼내는 행위를 가리켜 튜플 언패킹이라 한다. 물론 튜플 언패킹을 진행할 때는 튜플에 저장된 값의 수와 이를 저장할 변수의 수가 일치해야 한다.

```
>>> tri_three = (12, 25)
>>> bt, ht = tri_three        # 튜플 언패킹
>>> print(bt, ht)
12 25
```

그리고 다음과 같이 언패킹 과정에서 둘 이상의 값을 리스트로 묶어서 하나의 변수에 저장하는 것도 가능하다.

```
>>> nums = (1, 2, 3, 4, 5)
>>> n1, n2, *others = nums      # 둘 이상의 값을 리스트로 묶을 때 *를 사용한다.
>>> n1
1
>>> n2
2
>>> others      # 이렇듯 튜플이 아닌 리스트로 묶인다는 사실을 기억하자.
[3, 4, 5]
```

언패킹 과정에서 뒤쪽에 있는 값들만 리스트로 묶을 수 있는 게 아니다. 다음과 같이 중간의 값들을 묶을 수도 있고,

```
>>> nums = (1, 2, 3, 4, 5)
>>> first, *others, last = nums      # 일부를 리스트로 묶을 때 *를 사용한다.
>>> first
1
>>> others
[2, 3, 4]
>>> last
5
```

다음과 같이 앞에 위치한 값들도 묶을 수도 있다.

```
>>> nums = (1, 2, 3, 4, 5)
>>> *others, n1, n2 = nums          # 일부를 리스트로 묶을 때 *를 사용한다.
>>> others
[1, 2, 3]
>>> n1
4
>>> n2
5
```

물론 이러한 언패킹은 다음 예에서 보이듯이 리스트를 대상으로도 동일하게 동작한다.

```
>>> nums = [1, 2, 3, 4, 5]
>>> n1, n2, *others = nums          # 리스트도 언패킹 됨
>>> n1
1
>>> n2
2
>>> others
[3, 4, 5]
```

## [함수 호출 및 반환 과정에서의 패킹과 언패킹]

지금까지 설명한 패킹과 언패킹은 함수의 호출과 반환 과정에서도 일어난다. 다음 예에서 보이듯이
return문을 다음과 같이 구성할 수 있다. 튜플의 패킹에서 소괄호는 생략이 가능하기 때문이다.

```
>>> def ret_nums():
        return 1, 2, 3, 4, 5     # 튜플의 소괄호가 생략된 형태이다. 즉 패킹되어 반환됨

>>> nums = ret_nums()
>>> nums
(1, 2, 3, 4, 5)
```

때문에 우리는 위의 함수가 반환하는 값을 다음과 같이 저장할 수도 있다.

```
>>> n, *others = ret_nums()        # 반환되는 값이 언패킹 되어 변수들에 저장
>>> n
1
>>> others      # 리스트로 묶였다.
[2, 3, 4, 5]
```

그리고 다음과 같은 형태의 매개변수 선언도 가능하다.

```
>>> def show_nums(n1, n2, *other):    # 세 번째 이후 값들은 튜플로 묶여 other에 전달
        print(n1, n2, other, sep = ', ')

>>> show_nums(1, 2, 3, 4)
1, 2, (3, 4)
>>> show_nums(1, 2, 3, 4, 5)
1, 2, (3, 4, 5)
```

위와 같이 매개변수 앞에 *가 오면 이는 다음을 의미한다.

　"나머지 값들은 튜플로 묶어서 이 변수에 저장하겠다."

그래서 다음과 같이 전달되는 값의 수에 상관없이 모든 정수의 합을 계산해서 반환하는 함수도 만들 수 있다.

```
>>> def sum(*nums):    # 전달되는 모든 값들을 하나의 튜플로 묶어서 nums에 저장
        s = 0
        for i in nums:
            s += i
        return s

>>> sum(1, 2, 3)
6
>>> sum(1, 2, 3, 4)
10
>>> sum(1, 2, 3, 4, 5)
15
```

반면 다음과 같이 '함수를 호출할 때 *가 사용되면' 이는 튜플 언패킹으로 이어진다. 이렇듯 *은 사용되는 위치에 따라서 패킹을 의미하기도 하고 언패킹을 의미하기도 한다.

```
>>> def show_man(name, age, height):
        print(name, age, height, sep = ', ')

>>> p = ('Yoon', 22, 180)      # 180cm의 22세 Yoon군
>>> show_man(*p)     # p에 담긴 값을 풀어서 각각의 매개변수에 전달!
Yoon, 22, 180
```

물론 위의 함수 호출 과정에서 보인 언패킹은 리스트를 대상으로도 작동한다. 즉 다음과 같이 리스트를 전달하는 것도 가능하다.

```
>>> p = ['Park', 21, 177]
>>> show_man(*p)     # 리스트를 전달하는데 *을 붙인 상황
Park, 21, 177
```

더불어 다음 예를 통해서 튜플 안에 또 다른 튜플이 존재하는 경우의 언패킹 방법을 소개하겠다.

```
>>> t = (1, 2, (3, 4))       # 튜플 안에 튜플이 있다.
>>> a, b, (c, d) = t    # 튜플 안의 값의 구조와 동일한 형태로 변수를 선언한다.
>>> print(a, b, c, d, sep = ', ')
1, 2, 3, 4
```

즉 다음 내용을 총 네 개의 변수에 나눠서 담을 때에는,

  1, 2, (3, 4)

다음과 같이 동일한 형태로 변수를 선언해서 언패킹을 해야 한다.

  a, b, (c, d)

그리고 다음 튜플을 대상으로 이름과 키(height) 정보만 필요하다고 가정해보자.

  p = 'Hong', (32, 178), '010-1234-56xx', 'Korea'       # 32세 178cm의 서울 사는 Hong

이 경우에는 다음과 같이 언패킹을 진행한 다음에 이름과 키 정보만 사용하면 된다.

```
>>> p = 'Hong', (32, 178), '010-1234-56xx', 'Korea'     # 튜플에 소괄호 생략했음
>>> na, (ag, he), ph, ad = p
>>> print(na, he)
Hong 178
```

그런데 이름과 키 정보를 얻기 위해서 위와 같이 불필요한 정보까지 변수에 담는 것은 번거로운 일이다. 그래서 이러한 경우 다음 예에서 보이는 방법으로 이름과 키 정보만 뽑아내는 것이 더 편하다.

```
>>> na, (_, he), _, _ = p
>>> print(na, he)
Hong 178
```

불필요한 정보가 있는 위치에 _을 대신 넣었다. 사실 여기서 사용된 _도 변수이다. 다만 불필요한 정보

라는 것을 의미하기 위해서 변수의 이름으로 잘 쓰지 않는 _를 그 위치에 넣어 둔 것이다. 이것도 일종의 관례이므로 기억해 두고 활용하기 바란다.

### [for 루프에서의 언패킹]

for 루프의 구성에서도 다음과 같은 형태로 언패킹을 진행할 수 있다.

```
>>> ps = [('Lee', 172), ('Jung', 182), ('Yoon', 179)]        # 리스트에 담긴 튜플
>>> for n, h in ps:
        print(n, h, sep = ', ')

Lee, 172
Jung, 182
Yoon, 179
```

위의 for 루프에서 제일 처음 변수 n과 h에 저장되는 값은 각각 다음과 같다.

| | |
|---|---|
| for n, h in ps | ('Lee', 172)에서 'Lee' |
| for n, h in ps | ('Lee', 172)에서 172 |

이어서 다음과 같이 두 번째 튜플의 값이 각각 n과 h에 저장되어 for 루프의 두 번째 반복이 진행된다.

| | |
|---|---|
| for n, h in ps | ('Jung', 182)에서 'Jung' |
| for n, h in ps | ('Jung', 182)에서 182 |

그리고 이러한 형태의 언패킹은 다음과 같이 리스트를 대상으로도 동일하게 동작한다.

```
>>> ps = (['Lee', 172], ['Jung', 182], ['Yoon', 179])    # 튜플에 담긴 리스트
>>> for n, h in ps:
        print(n, h, sep = ', ')


Lee, 172
Jung, 182
Yoon, 179
```

# 네임드 튜플

## [네임드 튜플의 이해와 작성]

앞서 튜플의 패킹과 언패킹을 공부하면서 다음 예를 보인 바 있다.

```
>>> tri_one = (12, 15)        # 삼각형 밑변 12와 높이 15를 묶어 놓은 것
>>> tri_one
(12, 15)
```

필자가 주석을 통해 앞에 있는 12가 밑변이고 15가 높이라고 말하지 않았다면 이 사실을 몰랐을 것이다. 그래서 이번에는 왼쪽에 있는 값이 밑변이고 오른쪽이 있는 값이 높이라는 정보를 튜플에 새겨 놓으려 한다. 그래서 따로 주석으로 이러한 정보를 표시할 필요가 없게 만들려고 한다. 바로 '네임드 튜플(named tuple)'이라는 것을 기반으로 말이다. 그럼 예제를 보이고 나서 이에 대한 설명을 진행하겠다.

```
>>> from collections import namedtuple    # collections 모듈의 namedtuple 호출 위해서
>>> Tri = namedtuple('Triangle', ['bottom', 'height'])    # 네임드 튜플 클래스 만듦
>>> t = Tri(3, 7)         # 네임드 튜플 객체 생성
>>> print(t[0], t[1])           # 일반 튜플과 동일한 방법으로 접근 가능하다.
3 7
>>> print(t.bottom, t.height)  # 일반 튜플과 달리 이름으로도 접근이 가능하다.
3 7
```

위 예제에서 제일 먼저 볼 것은 namedtuple 함수를 호출하는 부분이다.

```
Tri = namedtuple('Triangle', ['bottom', 'height'])   # Triangle이라는 이름의 클래스 생성
```

이는 Triangle이라는 이름의 '튜플 성격을 갖는 클래스'를 만들기 위한 함수 호출인데, 첫 번째 값으로 전달된 'Triangle'이 만들어지는 클래스의 이름이 된다. 물론 이렇게 만들어진 클래스는 기본 골격이

'튜플'이다. 다만 일반 튜플과 달리 위치별로 이름을 갖는다는 특징이 있는데, 그 이름은 다음과 같이 지정하게 된다.

```
Tri = namedtuple('Triangle', ['bottom', 'height'])
```

⇒ 첫 번째 위치의(값의) 이름은 bottom, 두 번째 위치의(값의) 이름은 height

즉 위의 문장에서 두 번째 전달인자가 의미하는 바는 다음과 같다.

"첫 번째 위치의 이름은 bottom, 두 번째 위치의 이름은 height으로 정하겠다."

그럼 이제 namedtuple 함수 호출을 통해서 만들어진 클래스를 가지고 객체를 생성하는 방법을 보이겠다.

```
t = Tri(3, 7)        # 첫 번째 값은 3, 두 번째 값은 7인 네임드 튜플 객체 생성
```

이렇게 하면 Triangle 클래스의 객체가 생성되어 변수 t에 저장된다. 그런데 Triangle 클래스의 객체를 생성하는데 Tri라는 이름이 사용되었다. 그리고 이는 아래에서 보이듯이 namedtuple이 반환하는 값을 저장한 변수의 이름이다.

```
Tri = namedtuple('Triangle', ['bottom', 'height'])      # Tri에는 클래스 정보가 담긴다.
```

위와 같이 함수가 호출되면 변수 Tri에는 Triangle 클래스의 정보가 담기게 되는데, 이 변수를 이용해서 네임드 튜플 객체를(Triangle 클래스의 객체를) 생성해야 한다. 즉 클래스의 이름인 Triangle은 객체 생성에 사용되지 않는다. 그럼 Triangle이라는 이름은 의미가 없는 것 아닐까? 이 이름은 오류가 발생했을 때 오류의 원인을 찾는 데 도움이 되는데 이와 관련해서는 잠시 후에 설명하겠다. 어쨌든 이렇게 해서 생성한 네임드 튜플 객체는 다음과 같이 튜플처럼 사용할 수 있다.

```
>>> print(t[0], t[1])        # 일반 튜플과 동일하게 인덱스 값 기반 접근
3 7
```

그리고 다음과 같이 이름으로도 접근이 가능하다. (이것이 네임드 튜플이 갖는 장점이다.)

```
>>> print(t.bottom, t.height)      # bottom과 height이라는 이름으로 접근
3 7
```

물론 네임드 튜플도 튜플과 마찬가지로 저장된 값을 수정하지 못한다. 수정하려고 하면 다음과 같이 오류가 발생한다.

```
>>> t[0] = 15
Traceback (most recent call last):
  File "<pyshell#113>", line 1, in <module>
    t[0] = 15
TypeError: 'Triangle' object does not support item assignment
```

그리고 위의 오류 메시지에 Triangle이라는 이름이 보인다. 이렇듯 네임드 튜플에서 오류가 발생하면 클래스의 이름이 출력되어 오류가 발생한 원인 또는 위치를 찾는 데 도움을 준다. 그리고 이것이 네임드 튜플의 클래스에 이름을 붙이는 이유이다. 그런데 클래스의 이름과 변수의 이름이 달라야 하는 것은 아니다. 즉 다음과 같이 이 둘의 이름을 동일하게 해서 네임드 튜플 클래스를 만들어도 된다.

```
Tri = namedtuple('Tri', ['bottom', 'height'])     # 권장하고 싶은 방법
```

그러면 변수와 클래스의 이름이 같게 되어 불필요한 혼동을 줄일 수 있다. 이는 실제로 프로그래머들이 많이 사용하는 방법이다. 또한 네임드 튜플의 이름을 지정할 때 리스트에 담아서 전달하지 않고 다음과 같이 하나의 문자열에 담아서 전달해도 된다.

```
Tri = namedtuple('Tri', 'bottom height')
```

## [네임드 튜플 언패킹]

튜플과 마찬가지로 네임드 튜플을 대상으로도 다음과 같이 언패킹을 진행할 수 있다.

```
>>> t = Tri(12, 79)     # 네임드 튜플 객체 생성
>>> a, b = t     # 언패킹
>>> print(a, b)
12 79
```

함수에 값을 전달할 때에도 *을 붙여서 언패킹을 할 수 있다. 일반 튜플과 마찬가지로 말이다.

```
>>> def show(n1, n2):
        print(n1, n2)


>>> t = Tri(3, 8)
>>> show(*t)     # 값의 전달 과정에서 언패킹
3 8
```

## Story 13

# dict의 생성과 zip

## [dict의 다양한 생성 방법]

딕셔너리의 기본적인 생성 방법은 다음과 같다.

```
>>> d = {'a': 1, 'b': 2, 'c': 3}
>>> d
{'a': 1, 'b': 2, 'c': 3}
```

그리고 딕셔너리는 다음 예에서 보이듯이 dict이라는 클래스의 객체이다.

```
>>> type({})     # 빈 딕셔너리 전달하면서 type 함수 호출하기
<class 'dict'>
```

따라서 dict 클래스의 객체를 직접 생성하는 형태로도 딕셔너리를 만들 수 있다. 물론 생성 방법에 차이가 있을 뿐 만들어진 결과물은 동일하다.

```
>>> d = dict([('a', 1),('b', 2),('c', 3)])     # 또 다른 딕셔너리 생성 방법
>>> d
{'a': 1, 'b': 2, 'c': 3}
```

그리고 딕셔너리의 키가 문자열인 경우에는 다음과 같이 생성할 수도 있다.

```
>>> d = dict(a = 1, b = 2, c = 3)     # 키가 문자열인 딕셔너리 생성 방법
>>> d
{'a': 1, 'b': 2, 'c': 3}
```

또 하나, 키는 키끼리 값은 값끼리 리스트에 묶어서 딕셔너리를 생성하는 방법도 있다. 단 이때는 다음
예에서 보이듯이 zip이라는 함수를 사용해야 한다.

```
>>> d = dict(zip(['a', 'b', 'c'], [1, 2, 3]))     # 키와 값을 별도로 묶어서 딕셔너리 생성
>>> d
{'a': 1, 'b': 2, 'c': 3}
```

zip에 대해서는 잠시 후에 별도로 설명할 테니 일단은 위의 코드를 눈에 익혀 두자. 그럼 지금까지 설
명한 딕셔너리의 생성 방법을 정리해보겠다.

```
>>> d1 = {'a': 1, 'b': 2, 'c': 3}
>>> d2 = dict([('a', 1),('b', 2),('c', 3)])
>>> d3 = dict(a = 1, b = 2, c = 3)
>>> d4 = dict(zip(['a', 'b', 'c'], [1, 2, 3]))
>>> d1 == d2 == d3 == d4     # 내용 비교, 만드는 방법 달라도 똑같은 결과물
True
```

그리고 원래 딕셔너리와 같은 성격의 저장소는 저장 순서를 보장하지 않는다. (다른 프로그래밍 언어로
그 폭을 넓혀보면 그렇다는 뜻이다.) 그러나 버전 3.7부터 파이썬은 저장 순서를 보장하고 있다. 즉 다
음과 같이 출력해보면 먼저 저장된 값이 먼저 출력됨을 알 수 있다.

```
>>> d = {'a': 1, 'b': 2, 'c': 3}
>>> d['d'] = 4       # 추가된 값은 맨 뒤에 저장된다.
>>> d
{'a': 1, 'b': 2, 'c': 3, 'd': 4}
>>> for k in d:
        print(d[k], end = ', ')

1, 2, 3, 4,
```

## [zip 함수]

zip 함수의 기능을 쉽게 파악할 수 있도록 예제를 제시하겠다. 제시하는 예제만 잘 관찰해도 zip이 반환하는 객체의 성격을 이해할 수 있다.

```
>>> z = zip(['a', 'b', 'c'], [1, 2, 3])    # 두 개의 리스트에 저장된 값들을 조합
>>> for i in z:
        print(i, end = ', ')

('a', 1), ('b', 2), ('c', 3),
```

다음은 zip 함수 관련 두 번째 예이다.

```
>>> z = zip(('a', 'b', 'c'), (1, 2, 3))      # 두 개의 튜플에 저장된 값들을 조합
>>> for i in z:
        print(i, end = ', ')

('a', 1), ('b', 2), ('c', 3),
```

그리고 이어서 마지막 예이다.

```
>>> z = zip('abc', (1, 2, 3))    # 문자열과 튜플에 저장된 값들을 조합
>>> for i in z:
        print(i, end = ', ')

('a', 1), ('b', 2), ('c', 3),
```

예제에서 보이듯이 zip이 반환하는 객체는 for 루프에 둘 수 있다. 즉 이는 iterable 객체이다. 그리고 zip은 인자로 전달된 리스트 또는 튜플 또는 문자열을 조합해서 다수의 튜플을 만들어 내는데, 같은 위치에 있는 값들끼리 조합해서 튜플을 만들어 낸다. 따라서 다음과 같이 zip과 list 함수의 호출을 조합하면 zip에 의해 만들어진 튜플들을 리스트에 담을 수 있고,

```
>>> d = list(zip(['a', 'b', 'c'], [1, 2, 3]))      # zip과 list의 조합
>>> d
[('a', 1), ('b', 2), ('c', 3)]
```

다음과 같이 tuple 함수와 조합하면 튜플에 담을 수 있고,

```
>>> t = tuple(zip('abc', '123'))       # zip과 tuple의 조합
>>> t
(('a', '1'), ('b', '2'), ('c', '3'))
```

다음과 같이 dict 함수와 조합하면 딕셔너리에 담을 수 있다.

```
>>> d = dict(zip(['a', 'b', 'c'], (1, 2, 3)))       # zip과 dict의 조합
>>> d
{'a': 1, 'b': 2, 'c': 3}
```

그리고 다음 예에서 보이듯이 셋 이상의 값들을 조합해 내는 것도 가능하다.

```
>>> c = list(zip('abc', (1, 2, 3), ['one', 'two', 'three']))
>>> c
[('a', 1, 'one'), ('b', 2, 'two'), ('c', 3, 'three')]
```

zip 함수 없이도 지금까지 보인 형태의 조합을 충분히 할 수 있다. 그러나 zip을 사용하면 여러 줄에 걸쳐서 해야 할 일을 한 줄에 처리할 수 있다.

## Story 14 dict의 루핑 기술과 컴프리헨션

### [딕셔너리 루핑 테크닉]

딕셔너리를 대상으로 하는 가장 보편적인 for 루프 구성은 다음과 같다. 그리고 이 정도만 알아도 충분한 경우가 대부분이다.

```
>>> d = dict(a = 1, b = 2, c = 3)
>>> for k in d:     # k에는 키가 담긴다.
        print(d[k], end = ', ')

1, 2, 3,
```

그러나 딕셔너리의 다음 세 메소드를 알아 두면 딕셔너리를 대상으로 보다 다양한 for 루프를 구성할 수 있다.

dict.keys()       딕셔너리의 키들만 참조하고자 할 때

dict.values()     딕셔너리의 값들만 참조하고자 할 때

dict.items()      딕셔너리의 키와 값을 튜플 형태로 참조하고자 할 때

위의 세 메소드가 반환하는 것을 가리켜 '뷰(view)' 객체라 한다. 그리고 뷰 객체도 iterable 객체로 다음과 같이 for 루프를 통해 그 값을 하나씩 참조할 수 있다. 다음은 keys 메소드를 사용한 예이다.

```
>>> d = dict(a = 1, b = 2, c = 3)
>>> for k in d.keys():     # keys는 뷰 객체 반환함, 즉 뷰 객체 이용한 for 루프임
        print(k, end = ', ')        # 키가 순서대로 출력된다.

a, b, c,
```

다음은 values 메소드의 사용 예이다.

```
>>> d = dict(a = 1, b = 2, c = 3)
>>> for v in d.values():   # values는 뷰 객체 반환함, 즉 뷰 객체 이용한 for 루프임
        print(v, end = ', ')      # 값이 순서대로 출력된다.

1, 2, 3,
```

그리고 다음은 items 메소드의 사용 예이다.

```
>>> d = dict(a = 1, b = 2, c = 3)
>>> for kv in d.items():  # items는 뷰 객체 반환함, 즉 뷰 객체 이용한 for 루프임
        print(kv, end = ', ')     # (키, 값)이 순서대로 출력된다.

('a', 1), ('b', 2), ('c', 3),
```

이어서 보이는 예도 items 메소드를 사용한 예인데, 값을 꺼내는 과정에서 튜플 언패킹을 통해 키와 값을 분리했다는 특징이 있다.

```
>>> d = dict(a = 1, b = 2, c = 3)
>>> for k, v in d.items():   # k와 v에 값을 저장하는 과정에서 튜플 언패킹
        print(k, v, sep = ', ')

a, 1
b, 2
c, 3
```

## [뷰가 바라보는 현재 상태]

위에서 설명한 수준으로만 '뷰 객체'를 이해하고 활용해도 도움이 많이 된다. 그런데 뷰 객체는 단순히 키 또는 값을 얻어오는데 사용될 뿐만 아니라 현재 딕셔너리의 상태를 그대로 반영한다는 특징이 있다. ('뷰'라는 이름처럼 딕셔너리의 현재 상태를 바라본다.) 무슨 뜻인지 다음 예를 통해 설명하겠다.

```
>>> d = dict(a = 1, b = 2, c = 3)
>>> vo = d.items()    # 뷰 객체 얻음
>>> for kv in vo:
        print(kv, end = ' ')

('a', 1) ('b', 2) ('c', 3)
>>>
>>> d['a'] += 3      # 딕셔너리 수정
>>> d['c'] -= 2      # 딕셔너리 수정
>>> for kv in vo:       # 수정 사항이 뷰 객체에 그대로 반영이 됨
        print(kv, end = ' ')

('a', 4) ('b', 2) ('c', 1)
```

위 예제에서는 하나의 뷰 객체만을 얻어서 변수 vo에 저장했다. 그리고 이를 기반으로 하는 두 for 루프 사이에서 딕셔너리의 수정이 있었는데, 그 수정 결과가 두 번째 for 루프에서 그대로 반영되었다. 이렇듯 한번 생성된 뷰 객체는 딕셔너리의 현재 상태를 반영한다.

## [dict 컴프리헨션]

앞서 리스트 컴프리헨션에 대해 공부한 바 있다. 예를 하나 들면 다음과 같다.

```
>>> r1 = [1, 2, 3, 4, 5]
>>> r2 = [x * 2 for x in r1]     # 리스트 컴프리헨션의 기본 구조
>>> r2
[2, 4, 6, 8, 10]
```

이와 동일하게 딕셔너리도 컴프리헨션 기법을 쓸 수 있다.

```
>>> d1 = dict(a = 1, b = 2, c = 3)
>>> d2 = {k : v*2 for k, v in d1.items()}    # d1의 값을 두 배 늘린 딕셔너리 생성
>>> d3 = {k : v*2 for k, v in d2.items()}    # d2의 값을 두 배 늘린 딕셔너리 생성
>>> d1
{'a': 1, 'b': 2, 'c': 3}
>>> d2
{'a': 2, 'b': 4, 'c': 6}
>>> d3
{'a': 4, 'b': 8, 'c': 12}
```

해석 방법은 리스트 컴프리헨션과 차이가 없다. 그래도 위 예제의 다음 문장을 분석해보겠다.

```
d2 = {k : v*2 for k, v in d1.items()}
```

먼저 다음 부분은 보자. 이는 딕셔너리를 채울 키와 값들이 어떻게 구성되는지 알려준다.

```
d2 = {k : v*2 for k, v in d1.items()}    # 키는 k이고 값은 v*2이다.
```

그럼 k와 v는 무엇일까? 그것이 대한 답은 그 뒷부분에 나온다. 즉 딕셔너리 d1으로부터 뷰 객체를 얻어서, 그리고 튜플 언패킹을 통해 k에 d1의 키가, v에 d1의 값이 저장되도록 하였다.

```
d2 = {k : v*2 for k, v in d1.items()}    # k와 v에는 d1의 키와 값이 각각 저장된다.
```

물론 딕셔너리 컴프리헨션에도 리스트 컴프리헨션과 마찬가지로 if절을 추가할 수도 있다. 다음 예에서 보이듯이, if절을 추가하는 기본적인 이유는 조건에 맞는 값들만 포함시키기 위함이다.

```
>>> r1 = [1, 2, 3, 4, 5]
>>> r2 = [x * 2 for x in r1 if x % 2]    # if절이 추가된 리스트 컴프리헨션
>>> r2
[2, 6, 10]
```

위 예제의 리스트 컴프리헨션을 이해하는 방법을 다음과 같다.

　　r1의 값들을 하나씩 x에 넣어서,　　　　`[x * 2 for x in r1 if x % 2]`

　　x % 2가 True인지 확인하고,　　　　　　`[x * 2 for x in r1 if x % 2]`

　　True이면 x * 2를 리스트에 추가　　　　`[x * 2 for x in r1 if x % 2]`

딕셔너리도 이와 동일하다. 다음 예에서 보이듯이 조건을 달아서 조건이 True인 경우에만 딕셔너리에 포함시킬 수 있다.

```
>>> d1 = dict(a = 1, b = 2, c = 3, d = 4)
>>> d1
{'a': 1, 'b': 2, 'c': 3, 'd': 4}
>>> d2 = {k : v for k, v in d1.items() if v % 2}    # d1에서 값이 홀수인 것만 모은 딕셔너리
>>> d2
{'a': 1, 'c': 3}
```

위 예제의 딕셔너리 컴프리헨션도 다음과 같이 읽고 이해한다.

　　d1의 키와 값을 하나씩 k, v에 넣어서,　`{k : v for k, v in d1.items() if v % 2}`

　　v % 2가 True인지 확인하고,　　　　　　`{k : v for k, v in d1.items() if v % 2}`

　　True이면 k : v를 딕셔너리에 추가　　　`{k : v for k, v in d1.items() if v % 2}`

그럼 마지막으로 다양한 예를 소개한다는 의미에서 zip과 함께 사용한 예를 보이겠다. 다음은 두 리스트에 저장되어 있는 값들을 이용해서 딕셔너리를 생성하는 예제이다.

```
>>> ks = ['a', 'b', 'c', 'd']    # 이들은 키가 된다.
>>> vs = [1, 2, 3, 4]    # 이들은 값이 된다.
>>> d = {k : v for k, v in zip(ks, vs)}    # zip을 이용해서 같은 위치의 값들을 묶었다.
>>> d
{'a': 1, 'b': 2, 'c': 3, 'd': 4}
```

그리고 다음은 위의 예에 if절을 추가해서 값이 홀수인 것만 남긴 예이다.

```
>>> ks = ['a', 'b', 'c', 'd']
>>> vs = [1, 2, 3, 4]
>>> d = {k : v for k, v in zip(ks, vs) if v % 2}
>>> d
{'a': 1, 'c': 3}
```

Story
15

## 함수 호출과 매개변수 선언에 있어서 *와 **의 사용 규칙

### [iterable 객체와 매개변수]

이번에 설명할 내용 네 가지를 정리하면 다음과 같다. 이중 일부는 '튜플의 패킹과 언패킹' 부분에서 언급했던 내용이다.

func(*iterable)        iterable 객체를 전달하면서 *을 붙여서 함수 호출할 때

func(**dict)           dict 객체를 전달하면서 **을 붙여서 함수 호출할 때

def func(*args)        함수를 정의하면서 매개변수 args에 * 붙일 때

def func(**args)       함수를 정의하면서 매개변수 args에 ** 붙일 때

먼저 다음 두 가지에 대해 설명하겠다. 이 둘은 객체를 전달하는 과정에서 언패킹이 진행되는 상황이다. (리스트, 튜플, 문자열 모두 iterable 객체이다.)

func(*iterable)        리스트, 튜플, 문자열을 풀어서 전달

func(**dict)           딕셔너리의 값을 풀어서 전달

다음은 func(*iterable)의 형태로 함수를 호출하는 예이다.

```
>>> def who(a, b, c):
        print(a, b, c, sep = ', ')

>>> who(*[1, 2, 3])     # 리스트를 풀어서 매개변수에 각각 전달
1, 2, 3
>>> who(*(0.1, 0.2, 0.3))     # 튜플을 풀어서 매개변수에 각각 전달
0.1, 0.2, 0.3
>>> who(*'abc')     # 문자열을 풀어서 매개변수에 각각 전달
a, b, c
```

이어서 다음은 func(**dict)의 형태로 딕셔너리를 전달하는 예이다. 그런데 func(*iterable)의 형태로 딕셔너리를 전달하는 예도 보이고 있다. (딕셔너리도 iterable 객체이다. 키를 반환하는 iterable 객체이다.)

```
>>> def who(a, b, c):
        print(a, b, c, sep = ', ')

>>> d = dict(a = 1, b = 2, c = 3)
>>> who(*d)        # 이렇듯 *을 붙이면 키가 매개변수에 전달된다.
a, b, c
>>> who(**d)       # 이렇듯 **을 붙이면 값이 매개변수에 전달된다.
1, 2, 3
```

그렇다면 키와 값을 튜플로 묶어서 함수에 전달하려면 어떻게 해야 할까? (이건 갑자기 등장한 퀴즈다.) 다음과 같이 하면 된다.

```
>>> def who(a, b, c):
        print(a, b, c, sep = ', ')

>>> d = dict(a = 1, b = 2, c = 3)
>>> who(*(d.items()))     # 이전에 설명했던 items 함수를 호출해서 뷰 객체를 얻는다.
('a', 1), ('b', 2), ('c', 3)
```

뷰 객체도 iterable 객체이므로 *을 붙이는 경우 리스트에 *를 붙이는 경우와 동일한 형태의 결과를 얻게 된다.

## [딕셔너리와 매개변수]

이번에는 함수 정의와 관련이 있는 다음 두 가지에 대해 설명하겠다.

| | |
|---|---|
| def func(*args) | 값들이 튜플로 묶여서 args에 전달된다. |
| def func(**args) | 전달되는 내용이 딕셔너리로 묶여서 args에 전달된다. |

먼저 다음 예를 통해 def func(*args) 형태의 함수 정의가 갖는 의미를 보이겠다. 이 예에서 보이듯이 매개변수의 선언에 *를 붙이면, 전달되는 값들이 모두 하나의 튜플로 묶여서 매개변수 args에 전달된다.

```
>>> def func(*args):
        print(args)        # args는 튜플

>>> func()        # 빈 튜플이 전달되는 형태
()
>>> func(1)        # 1이 튜플로 묶여서 전달
(1,)
>>> func(1, 2)        # 1과 2가 튜플로 묶여서 전달
(1, 2)
>>> func(1, 2, 3)
(1, 2, 3)
```

다음 예에서는 def func(**args) 형태의 함수가 갖는 의미를 보인다. 결론적으로 이는 딕셔너리의 생성으로 이어지며, 이 딕셔너리를 구성할 키와 값의 정보를 key = value의 형태로 전달해야 한다.

```
>>> def func(**args):
        print(args)          # args는 딕셔너리

>>> func(a = 1)        # {'a': 1} 생성되어 args에 전달
{'a': 1}
>>> func(a = 1, b = 2)        # {'a': 1, 'b': 2} 생성되어 args에 전달
{'a': 1, 'b': 2}
>>> func(a = 1, b = 2, c = 3)
{'a': 1, 'b': 2, 'c': 3}
```

그리고 매개변수 선언에 있어서 다음과 같이 *args와 **args를 동시에 둘 수 있다.

```
>>> def func(*args1, **args2):
    print(args1)      # args1은 튜플
    print(args2)      # args2는 딕셔너리

>>> func()
()
{}
>>> func(1, a = 1)
(1,)
{'a': 1}
>>> func(1, 2, a = 1, b = 2)
(1, 2)
{'a': 1, 'b': 2}
```

더 복잡하게 매개변수 구조를 구성할 수도 있지만 그럴 경우 값을 전달하는 과정과 이를 해석하는 과정이 혼란스럽기 때문에 추천하고 싶지는 않다. 위와 같이 *args와 **args를 동시에 두는 것도 흔한 경우는 아니다.

**Story 16**

## dict & defaultdict

### [키가 존재할 때와 존재하지 않을 때]

다음에서 보이듯이 딕셔너리에 해당 키가 존재하는 경우에는 대입 연산의 결과가 값의 수정으로 이어진다.

```
>>> d = {'red': 3, 'white': 2, 'blue': 4}
>>> d['red'] = 1     # 키 'red'의 값을 1로 변경
>>> d
{'red': 1, 'white': 2, 'blue': 4}
```

그리고 다음과 같이 해당 키가 존재하지 않는 경우에는 대입 연산의 결과가 새로운 키와 값의 추가로 이어진다.

```
>>> d = {'white': 2, 'blue': 4}
>>> d['red'] = 1     # 'red': 1 추가
>>> d
{'white': 2, 'blue': 4, 'red': 1}
```

그런데 저장되어 있는 값을 참조하는 경우에는 얘기가 조금 달라진다. 일단 다음 예를 보자.

```
>>> d = {'red': 3, 'white': 2, 'blue': 4}
>>> d['red'] += 1     # 키 'red'의 값을 1 증가
>>> d
{'red': 4, 'white': 2, 'blue': 4}
```

이 경우 키와 그 값이 존재하므로 += 연산을 무리 없이 처리한다. 그런데 이는 기존에 존재하는 값을 1 증가시키는 연산이다. 따라서 다음과 같이 해당 키가 존재하지 않으면 예외가 발생한다.

```
>>> d = {'white': 2, 'blue': 4}
>>> d['red'] += 1
Traceback (most recent call last):
  File "<pyshell#45>", line 1, in <module>
    d['red'] += 1
KeyError: 'red'
```

따라서 이런 유형의 예외가 발생할 수밖에 없는 상황이라면, 다음 예에서 보이듯이 그에 따른 처리를 미리 해 둘 필요가 있다. 즉 키가 존재할 때와 존재하지 않을 때의 상황 별 실행 코드를 구분할 필요가 있다. (다음은 변수 s에 담긴 문자열의 문자 구성을 파악하는 예제이다. 어떤 문자가 몇 개씩 있는지 파악하는 예제이다.)

```
>>> s = 'robbot'    # robbot은 오타 아님 ^^ 일부러 b를 두 개 두었음
>>> d = {}
>>> for k in s:
        if k in d:   # 키가 존재하면,
            d[k] += 1    # 해당 키의 값을 1 증가
        else:    # 키가 존재하지 않으면,
            d[k] = 1     # 해당 키의 값을 1로 해서 새로 추가

>>> d    # 문자 r이 하나 o가 둘…
{'r': 1, 'o': 2, 'b': 2, 't': 1}
```

위의 예에서는 문자열에 등장하는 문자를 키로, 등장 횟수를 값으로 해서 딕셔너리를 구성했다. 그리고 기기 존재히는 상황의 코드는 if에 두고 키가 존재하지 않는 상황의 코드는 else에 두었다. 즉 키가 존재할 때와 존재하지 않을 때의 상황 별 실행 코드를 구분한 것이다.

## [setdefault 메소드]

바로 위에서 키가 존재할 때와 존재하지 않을 때의 상황 별 실행 코드를 if ~ else를 이용해서 구분해 보았다. 그런데 이를 대신할 수 있는 방법 두 가지를 소개하고자 한다. 처음 보면 생소할 수 있지만 어려운 내용은 아니다. 먼저 소개할 방법은 딕셔너리의 setdefault 메소드를 사용하는 것이다. 이 메소드를 사용하면 앞서 보인 예제를 다음과 같이 간단히 작성할 수 있다.

```
>>> s = 'robbot'        # 여전히 robbot은 오타 아님, b 하나 일부러 추가
>>> d = {}
>>> for k in s:
        d[k] = d.setdefault(k, 0) + 1      # 딕셔너리의 setdefault 메소드 호출

>>> d
{'r': 1, 'o': 2, 'b': 2, 't': 1}
```

위의 예에서 호출한 setdefault 메소드는 다음과 같이 동작한다.

```
d.setdefault(k, v)          # 매개변수 k에는 키, v에는 디폴트 값 전달
```

⇒ k에 해당하는 키가 있을 때, 그 키의 값을 반환한다.

⇒ k에 해당하는 키가 없을 때, 딕셔너리에 k:v 저장하고 v를 반환한다.

즉 위 예제의 다음 문장에서는 덧셈 연산이 진행되는데, 이 덧셈을 위해서 setdefault 메소드가 먼저 호출된다.

```
d[k] = d.setdefault(k, 0) + 1      # 먼저 setdefault 메소드가 호출된다.
```

따라서 k에 해당하는 키가 없다면 그 키와 더불어 값이 0으로 저장된다. 그리고 이어지는 다음 덧셈과 대입 연산에 의해서,

```
d[k] = d.setdefault(k, 0) + 1      # 이어서 덧셈 그리고 대입 연산이 진행된다.
```

그 키의 값이 1로 바뀐다. 물론 k에 해당하는 키가 있다면 그 값이 1 증가하는 것으로 끝난다. 따라서 setdefault 메소드를 사용하면 if ~ else를 넣어서 복잡해질 수 있는 코드를 간결하게 구성할 수 있다.

## [defaultdict]

또 다른 방법으로 '디폴트 값을 갖는 딕셔너리'를 생성하는 방법도 있다. 이 딕셔너리는 찾는 키가 없으면 예외를 발생시키지 않고 해당 키를 추가하되, 미리 등록해 놓은 함수가 반환하는 디폴트 값을 그 키의 값으로 저장한다. (조금 말이 길어졌다. 예제를 보면서 이해하자.)

```
>>> from collections import defaultdict    # defaultdict는 collections 모듈의 함수임
>>> s = 'robbot'
>>> d = defaultdict(int)      # int 함수를 등록하면서 defaultdict 호출
>>> for k in s:
        d[k] += 1     # 일반 딕셔너리와 사용법은 같다.

>>> d
defaultdict(<class 'int'>, {'r': 1, 'o': 2, 'b': 2, 't': 1})
>>> print(d['r'], d['o'], d['b'], d['t'], sep = ', ')  # 일반 딕셔너리와 참조 방법도 같다.
1, 2, 2, 1
```

위 예제에서 다음과 같이 호출된 defaultdict 함수는 '디폴트 값을 갖는 딕셔너리'를 생성해서 반환한다.

```
d = defaultdict(int)      # int 함수를 등록하면서 defaultdict 호출
```

물론 디폴트 값은 키를 저장하는 경우에 사용되는 기본 값을 의미한다. 그리고 위의 문장을 통해서 등록된 디폴트 값은 int이다. 그런데 다음 예에서 보이듯이 int는 함수이다. 즉 위의 문장에서는 디폴트 값을 생성하는 함수로 int를 등록한 것이다.

```
>>> n1 = int('36')     # 문자열을 정수로 변환해서 반환하는 int 함수
>>> n1
36
>>> n2 = int()     # 아무 값도 전달하지 않으면 0을 반환하는 int 함수
>>> n2
0
```

이렇게 등록된 int 함수는 디폴트 값을 얻는데 사용된다. 즉 참조하고자 하는 키가 없을 때 그 키를 저장하면서 int 함수가 호출되고 이때 반환되는 값이 키와 더불어 딕셔너리에 저장된다. 그리고 다음 예에서 보이듯이 직접 함수를 만들어서 defaultdict 함수에 전달해도 된다.

```
>>> def ret_zero():
        return 0

>>> d = defaultdict(ret_zero)
>>> d['a']    # 해당 키 없으므로 이 순간 'a':0 등록됨, 그리고 그 값이 아래에 출력됨
0
>>> d
defaultdict(<function ret_zero at 0x03626A50>, {'a': 0})
```

게다가 우리는 람다를 알고 있기 때문에 다음과 같이 defaultdict 함수를 호출할 수도 있다. 실제로 이런 상황에서는 람다식을 작성하는 것이 더 깔끔하다.

```
>>> d = defaultdict(lambda: 7)
>>> d['z']
7
>>> d
defaultdict(<function <lambda> at 0x03626A98>, {'z': 7})
```

지금까지 딕셔너리의 활용에 있어서 키가 없을 때의 대처 방법 세 가지를 소개하였다. 선호하는 방법은 사람마다 다를 수 있고 또 가장 좋은 방법은 상황에 따라 달라질 수 있다. 따라서 선입견 없이 세 가지 방법 모두 익혀 두기를 바란다.

## Story
## 17

# dict & OrderedDict

## [dict은 저장 순서를 유지하기 시작했다.]

앞서 한번 말했지만, 파이썬의 dict은(딕셔너리는) 저장 순서를 유지한다. 처음부터 그랬던 것은 아니고 버전 3.7부터 유지하기 시작했다. 따라서 다음 예에서 보이듯이 어떠한 방법으로 출력을 하건 그 저장 순서를 확인할 수 있다.

```
>>> d = {}
>>> d['a'] = 1          # 제일 먼저 저장
>>> d['b'] = 2          # 두 번째로 저장
>>> d['c'] = 3          # 마지막에 저장
>>> d
{'a': 1, 'b': 2, 'c': 3}
>>> for kv in d.items():
        print(kv)


('a', 1)
('b', 2)
('c', 3)
```

그런데 전에는 딕셔너리가 저장 순서를 기억하지 않았다. (출력 순서가 일정하지 않았다.) 그래서 저장 순서를 유지해야 하는 상황에서는 다음 예에서 보이듯이 OrderedDict이라는 것을 생성해서 사용해야만 했다.

```
>>> from collections import OrderedDict    # collections 모듈의 OrderedDict
>>> od = OrderedDict()      # OrderedDict 객체 생성
>>> od['a'] = 1      # 딕셔너리 사용 방법과 동일
>>> od['b'] = 2
>>> od['c'] = 3
>>> od
OrderedDict([('a', 1), ('b', 2), ('c', 3)])
>>> for kv in od.items():     # 딕셔너리와 마찬가지로 items 메소드 호출 가능
        print(kv)

('a', 1)
('b', 2)
('c', 3)
```

하지만 이제는 dict이(딕셔너리가) 저장 순서를 유지하기 때문에 OrderedDict을 이러한 목적으로 사용할 필요는 없다.


## [그래도 OrderedDict을 써야 할 이유가 있다면?]

그럼에도 불구하고 OrderedDict을 써야만 하는 상황이 존재한다. 일단 다음 두 예제의 실행 결과를 비교해보자. 먼저 dict의 예이다.

```
>>> d1 = dict(a = 1, b = 2, c = 3)
>>> d2 = dict(c = 3, a = 1, b = 2)
>>> d1
{'a': 1, 'b': 2, 'c': 3}
>>> d2
{'c': 3, 'a': 1, 'b': 2}
>>> d1 == d2     # d1, d2는 저장 순서는 다르고 내용물은 같다.
True
```

위의 예에서 보이듯이 dict은 저장된 내용물만 동일하면 == 연산 결과가 True이다. 즉 저장 순서는 dict 객체를 비교함에 있어서 비교 대상이 아니다. 그럼 이어서 OrderedDict의 예를 보자.

```
>>> from collections import OrderedDict
>>> od1 = OrderedDict(a = 1, b = 2, c = 3)    # dict 객체의 생성 방법과 동일
>>> od2 = OrderedDict(c = 3, a = 1, b = 2)
>>> od1
OrderedDict([('a', 1), ('b', 2), ('c', 3)])
>>> od2
OrderedDict([('c', 3), ('a', 1), ('b', 2)])
>>> od1 == od2
False
```

위의 예에서 보이듯이 OrderedDict 객체 비교에 있어서는 저장 순서도 중요하다. 아무리 내용물이 동일해도 저장 순서가 일치하지 않으면 == 연산의 결과는 False이다. 따라서 딕셔너리의 저장 순서가 객체 구분에 의미를 갖는 상황이면 OrderedDict을 사용해야 한다. 그리고 이 객체는 다음 예에서 보이듯이 저장 순서를 맨 끝 또는 앞으로 이동시킬 수 있다.

```
>>> from collections import OrderedDict
>>> od = OrderedDict(a = 1, b = 2, c = 3)
>>> for kv in od.items():
        print(kv, end = ' ')


('a', 1) ('b', 2) ('c', 3)
>>>
>>> od.move_to_end('b')        # 키가 'b'인 키와 값을 맨 뒤로 이동
>>> for kv in od.items():
        print(kv, end = ' ')


('a', 1) ('c', 3) ('b', 2)
>>>
>>> od.move_to_end('b', last = False)   # 매개변수 last에 False 전달하면 맨 앞으로 이동
>>> for kv in od.items():
        print(kv, end = ' ')


('b', 2) ('a', 1) ('c', 3)
```

따라서 저장 순서 자체가 하나의 정보로써 의미를 갖는다면, 그리고 저장 순서를 바꿔야 할 가능성도 존재한다면, OrderedDict을 선택해야 한다.

## Story 18 자료형 분류와 set & frozenset

### [자료형 분류]

파이썬이 제공하는 다음과 같은 자료형들을 가리켜 '시퀀스 타입(sequence type)'이라 한다. 문자열의 경우 '텍스트 시퀀스 타입(text sequence type)'이라 부르지만 이 역시 시퀀스 타입의 일종이다.

- 리스트      list 클래스의 객체
- 튜플        tuple 클래스의 객체
- 레인지      range 클래스의 객체
- 문자열      str 클래스의 객체

이들에겐 저장된 값의 순서 정보가(위치 정보가) 존재한다는 특징이 있다. (물론 레인지는 값의 범위 정보를 저장하지만 범위 정보에도 시작과 끝이라는 순서가 존재한다.) 즉 저장된 값의 순서 정보가 존재하는 것이 시퀀스 타입의 가장 큰 특징이다. 따라서 이들을 대상으로 다음 두 가지 연산을 할 수 있다. 다음 두 연산은 저장된 값의 순서 정보를 기반으로 진행되는 연산이기 때문이다.

- 인덱싱 연산      특정 값 하나를 참조하는 연산

  ex) s[0], s[1], s[2]

- 슬라이싱 연산    시작과 끝을 정하여 이를 참조하는 연산

  ex) s[0:3], s[5:9]

그리고 다음 자료형을 가리켜 '매핑 타입(mapping type)'이라 한다.

- 딕셔너리        dict 클래스의 객체

매핑 타입은 본질적으로 저장된 값의 순서 또는 위치 정보를 기록하지 않는 자료형이다. 물론 버전 3.7부터 저장된 값의 순서를 유지하기 시작했으나 그렇다고 해서 본질이 바뀌지는 않는다. 때문에 이를 대상으로는 인덱싱이나 슬라이싱 연산이 불가능하다. 그리고 다음 두 자료형을 가리켜 '셋 타입(set type)'이라 한다.

- 셋(set)        set 클래스의 객체
- 프로즌셋        frozenset 클래스의 객체

셋 타입은 그 이름대로 수학의 '집합'을 표현한 자료형이다. 기본적으로 집합에는 다음 두 가지 특징이 있다.

"수학의 집합은 저장 순서를 유지하지 않는다."

"수학의 집합은 중복된 값의 저장을 허용하지 않는다."

때문에 셋(set)과 프로즌셋(frozenset)도 저장된 값의 순서 정보가 존재하지 않고, 중복된 값의 저장도 허용하지 않는다.


## [set, frozenset]

두 집합을 대상으로 하는 수학의 기본 연산들은 다음과 같다.
- 합집합        두 집합의 모든 원소들을 합한 집합
- 차집합        한 집합에서 다른 한 집합이 갖는 원소들을 뺀 집합
- 교집합        두 집합에 공통으로 존재하는 원소들의 집합
- 대칭 차집합        두 집합의 합집합에서 교집합을 뺀 집합

set을(set 객체를) 기반으로 하는 위의 네 연산의 예는 다음과 같다.

```
>>> A = {'a', 'c', 'd', 'f'}        # 집합 A, 이것이 셋을 생성하는 기본 방법이다.
>>> B = {'a', 'b', 'd', 'e'}        # 집합 B
>>> A - B        # A에 대한 B의 차집합, A - B
{'c', 'f'}
>>> A & B        # A와 B의 교집합, A ∩ B
{'d', 'a'}
>>> A | B        # A와 B의 합집합, A ∪ B
{'e', 'f', 'd', 'a', 'b', 'c'}
>>> A ^ B        # A와 B의 대칭 차집합, (A-B) ∪ (B-A)
{'e', 'f', 'b', 'c'}
```

참고로 위의 예에서는 연산 결과로 새로운 set이 생성되고, 그 생성된 set의 값이 출력된 것이다. 그리고 이들 set을 대상으로 다음 예에서 보이듯이 in, not in 연산도 가능하고, 이들 역시 iterable 객체이기 때문에 for 루프의 구성도 가능하다.

```
>>> A = set(['a', 'c', 'd', 'f'])   # set 함수에 iterable 객체 전달해서 set 생성
>>> B = set('fdca')    # 문자열도 iterable 객체이므로 이를 통해 set 생성 가능
>>> A
{'d', 'a', 'c', 'f'}
>>> B
{'d', 'c', 'f', 'a'}
>>> A == B    # 저장 순서는 상관없다. 내용물만 같으면 True
True
>>> 'a' in A    # 집합 A에 원소 'a'가 있는가?
True
>>> 'b' not in A    # 집합 A에 원소 'b'가 없는가?
True
>>> for c in A & B:    # A & B의 결과로 얻은 집합을 대상으로 for 루프 구성
        print(c, end = ' ')

d c f a
```

앞서 보였듯이, set은 딕셔너리와 마찬가지로 { } 안에 값을 담는다. 그리고 다음과 같이 빈 딕셔너리를 생성할 수도 있다.

```
>>> d = {}    # 빈 딕셔너리를 생성하는 방법
>>> type(d)
<class 'dict'>
```

그렇다면 빈 set은 어떻게 생성해야 할까? 다음과 같이 하면 된다.

```
>>> s = set()    # 빈 set을 생성하는 방법
>>> type(s)
<class 'set'>
```

그리고 지금 설명한 모든 내용이 frozenset을 대상으로도 동일하게 적용된다.

```
>>> A = frozenset(['a', 'c', 'd', 'f'])   # frozenset 함수에 iterable 객체 전달해서 생성
>>> B = frozenset(['a', 'b', 'd', 'e'])
>>> A - B
frozenset({'c', 'f'})
>>> A | B
frozenset({'e', 'f', 'd', 'a', 'b', 'c'})
>>> A == B
False
>>> 'a' in A
True
>>> for c in A & B:
        print(c, end = ' ')


d a
```

예제를 하나 더 제시하겠다. 이 예제는 리스트에 저장된 값들 중에서 중복된 값들을 하나만 남기고 삭제하는 방법을 보여주는데, 이는 값의 중복을 허용하지 않는 set의 특성을 활용한 결과이다. 물론 이 예제도 set뿐 아니라 frozenset으로도 구현 가능하다.

```
>>> t = [3, 3, 3, 7, 7, 'z', 'z']
>>> t = list(set(t))    # t를 가지고 set을 구성하고, 다시 그 결과로 리스트 구성!
>>> t
[3, 'z', 7]
```

리스트를 대상으로 set을 만드는 순간 중복된 값들은 하나만 남고 나머지는 사라진다. 위의 예에서는 바로 이러한 set의 특성을 가지고 리스트에 저장된 중복된 값들을 지웠다.

## [set 변경 가능, frozenset 변경 불가]

지금까지 설명한 내용만 놓고 보면 set과 frozenset은 차이가 없다. 실제로 이 둘은 큰 차이가 없다.

다만 한 가지 차이점이 있는데 이는 다음과 같다.

| | |
|---|---|
| set | mutable 객체 |
| frozenset | immutable 객체 |

즉 set은 새로운 값의 추가 또는 삭제가 가능한 반면 frozenset은 불가능하다. 그래서 다음과 같이 기존에 존재하던 객체의 값을 수정하는 연산(또는 메소드 호출)은 set을 대상으로만 할 수 있다.

| | |
|---|---|
| add | 원소 추가하기 |
| discard | 원소 삭제하기 |
| update, \|= | 다른 집합의 원소 전부 추가하기 |
| intersection_update, &= | 다른 집합과 공통으로 있는 원소만 남기기 |
| difference_update, -= | 다른 집합이 갖는 원소 모두 삭제하기 |
| symmetric_difference_update, ^= | 공통으로 갖지 않는 것들은 추가하고 나머지는 삭제 |

이들 메소드의 기능을 다음 예를 통해 보이겠다. 그리고 위의 소개에서 보이듯이 update의 호출은 |= 연산으로 대신할 수 있다. 그리고 difference_update의 호출은 -= 연산으로 대신할 수 있다. (메소드 이름이 긴 경우 연산자를 사용하는 것이 보기에 좋다.)

```
>>> os = {1, 2, 3, 4, 5}        # 이 변수에 담긴 set을 이제부터 수정한다.
>>> os.add(6)        # 원소 6을 집합 os에 추가
>>> os.discard(1)          # 원소 1을 집합 os에서 삭제
>>> os
{2, 3, 4, 5, 6}
>>> os.update({7, 8, 9})        # 집합 os에 {7, 8, 9}의 모든 원소 추가
>>> os
{2, 3, 4, 5, 6, 7, 8, 9}
>>> os &= {2, 4, 6, 8}        # 집합 os에서 {2, 4, 6, 8}와 겹치는 원소만 남김
>>> os
{8, 2, 4, 6}
>>> os -= {2, 4}        # 집합 os에서 {2, 4}의 원소를 모두 삭제
>>> os
{6, 8}
>>> os ^= {1, 3, 6}        # 집합 os에서 {1, 3, 6}에 있는 원소는 빼고 없는 원소는 추가
>>> os
{1, 3, 8}
```

## [set 컴프리헨션]

앞서 리스트와 딕셔너리를 대상으로 한 '컴프리헨션'을 소개하였다. 여기에 더해 set도 컴프리헨션이 가능하다. 그리고 그 방법에는 차이가 없기 때문에 몇몇 예제를 제시하는 정도로 설명을 마무리하겠다. 먼저 다음은 1부터 10으로 이뤄진 set을 구성한 예이다.

```
>>> s1 = {x for x in range(1, 11)}
>>> s1
{1, 2, 3, 4, 5, 6, 7, 8, 9, 10}
```

다음은 위의 s1을 가지고 각 원소의 제곱에 해당하는 값으로 이뤄진 set을 만든 예이다.

```
>>> s2 = {x**2 for x in s1}
>>> s2     # 집합이니까 출력 순서가 아래와 같은 것은 어쩔 수 없다.
{64, 1, 4, 36, 100, 9, 16, 49, 81, 25}
```

마지막으로 다음은 위의 s2에서 50 미만의 값으로 이뤄진 set을 만든 예이다.

```
>>> s3 = {x for x in s2 if x < 50}
>>> s3
{1, 4, 36, 9, 16, 49, 25}
```

이렇듯 앞서 리스트를 대상으로 소개한 '컴프리헨션'의 적용 방법을 set에도 그대로 사용할 수 있다.

Story
19

# 정렬 기술

[리스트의 sort 메소드]

리스트를 대상으로 오름차순 또는 내림차순으로 정렬하는 방법을 소개하겠다. 리스트에는 sort라는 메소드가 존재한다. 따라서 다음과 같이 단순히 sort 메소드를 호출하는 것만으로도 정렬을 진행할 수 있다.

```
>>> ns = [3, 1, 4, 2]
>>> ns.sort()    # 기본 오름차순 정렬이 진행된다.
>>> ns
[1, 2, 3, 4]
```

이렇듯 sort가 호출되면, 이 메소드는 내부적으로 모든 값들을 대상으로 〈 또는 〉 연산을 진행하고(어느 값이 어느 위치에 있어야 하는지 판단하기 위해서) 그 결과를 바탕으로 오름차순 정렬을 한다. 그리고 내림차순 정렬을 원한다면 다음과 같이 매개변수 reverse에 True를 전달하면 된다.

```
>>> ns = [3, 1, 4, 2]
>>> ns.sort(reverse = True)    # 내림차순 정렬을 위한 True의 전달
>>> ns
[4, 3, 2, 1]
```

그럼 다음과 같이 이름과 나이 정보가 묶여 있는 상황에서는 어떻게 정렬을 진행해야 할까?

```
ns = [('Yoon', 33), ('Lee', 12), ('Park', 29)]          # (name, age)
```

그건 상황에 따라 달라진다. 프로그램 성격에 따라서 이름이 정렬 기준이 돼야 할 때도 있고 나이가 기준이 돼야 할 때도 있다. 자! 그럼 먼저 나이를 기준으로 정렬을 진행해보겠다.

"나이를 기준으로 오름차순 정렬을 진행하자."

그럼 먼저 sort 메소드에 전달할 함수를 준비해야 한다. 이 함수는 리스트에 저장된 튜플을 인자로 전달받아서 정렬의 기준인 나이를 반환하는 함수여야 한다.

"튜플 ('Yoon', 33)이 인자로 전달되면 정렬 기준인 나이 정보 33을 반환하는 함수"

뭐 간단히 다음과 같이 함수를 만들면 된다.

```
def age(t):          # 매개변수 t에 ('Yoon', 33)이 전달되면 나이 33이 반환된다.

    return t[1]      # 나이 반환하는 함수
```

그러면 sort 메소드는 리스트에 저장된 튜플을 하나씩 이 함수에 전달하고 이때 반환되는 값인 나이 정보를 가지고 정렬을 진행한다. 그럼 age 함수를 sort 메소드에 전달해보겠다.

```
>>> ns = [('Yoon', 33), ('Lee', 12), ('Park', 29)]
>>> def age(t):
        return t[1]        # 나이 반환하는 함수

>>> ns.sort(key = age)     # 매개변수 key에 함수 age를 전달!
>>> ns
[('Lee', 12), ('Park', 29), ('Yoon', 33)]
```

만약에 나이를 기준으로 내림차순 정렬을 하고 싶다면 다음과 같이 하면 된다.

```
>>> ns.sort(key = age, reverse = True)     # 위에서 정의한 함수와 리스트를 대상으로 작성
>>> ns
[('Yoon', 33), ('Park', 29), ('Lee', 12)]
```

그림 이번에는 이름을 기준으로(이름의 알파벳순으로) 정렬을 진행한 예를 보이겠다.

```
>>> ns = [('Yoon', 33), ('Lee', 12), ('Park', 29)]
>>> def name(t):
        return t[0]        # 이름을 반환

>>> ns.sort(key = name)
>>> ns
[('Lee', 12), ('Park', 29), ('Yoon', 33)]
```

그런데 이런 상황에서는 함수를 만들지 않고 람다식을 작성해서 전달하는 것이 편리하기도 하고 보기에도 좋다. 다음 예에서 보이듯이 말이다.

```
>>> ns = [('Yoon', 33), ('Lee', 12), ('Park', 29)]
>>> ns.sort(key = lambda t : t[1], reverse = True)     # 이름의 알파벳 역순으로 정렬
>>> ns
[('Yoon', 33), ('Park', 29), ('Lee', 12)]
```

예를 하나 더 들겠다. 이번에는 다음 리스트를 대상으로 정렬을 하되 기준이 '문자열의 길이'이다.

```
names = ['Julia', 'Yoon', 'Steven']       # 문자열의 길이가 각각 5, 4, 6이다.
```

그렇다면 매개변수 key에 무엇을 어떻게 전달해야 할까? 다음 예에서 보이듯이 파이썬이 제공하는 len 함수를 전달하면 된다. (이 경우 별도로 함수를 만들 필요가 없다.) 그러면 파이썬은 전달된 함수인 len에 문자열을 전달하고 이때 반환되는 값을 기준으로 정렬을 진행한다.

```
>>> names = ['Julia', 'Yoon', 'Steven']
>>> names.sort(key = len)
>>> names
['Yoon', 'Julia', 'Steven']
```

마지막으로 다음 리스트에 저장된 튜플들을 정렬해보겠다. 정렬 기준은 튜플을 이루는 두 수의 합이고 오름차순이 아닌 내림차순으로 정렬을 하겠다.

```
nums = [(3, 1), (2, 9), (0, 5)]        # 두 수의 합은 각각 4, 11, 5이다.
```

람다식을 기반으로 다음과 같이 간단하게 정렬을 진행할 수 있다.

```
>>> nums = [(3, 1), (2, 9), (0, 5)]
>>> nums.sort(key = lambda t : t[0] + t[1], reverse = True)
>>> nums
[(2, 9), (0, 5), (3, 1)]
```

지금까지 소개한 몇몇 예를 참고하면 sort 메소드를 기반으로 원하는 형태의 정렬을 충분히 할 수 있을 것이다.

## [sorted 함수 사용하기]

앞서 보였던 리스트의 sort 메소드를 사용하는 정렬 방법은 다음과 같은 특징이 있다.

"리스트 자체를 수정해버린다."

그러나 경우에 따라서는 원본은 그대로 두고 정렬된 사본을 얻고 싶을 수도 있다. 그러한 경우에는 다음과 같이 sorted 함수를 사용하면 된다. 사용방법은 sort 메소드와 동일하다. (첫 번째 값으로 정렬 대상을 전달해 주는 부분에서만 차이가 있다.)

```
>>> org = [('Yoon', 33), ('Lee', 12), ('Park', 29)]    # (이름, 나이)
>>> cpy = sorted(org, key = lambda t : t[1], reverse = True)    # 나이 기준 내림차순 정렬
>>> org       # 원본이 유지된다.
[('Yoon', 33), ('Lee', 12), ('Park', 29)]
>>> cpy       # 정렬된 사본이 생성되었다.
[('Yoon', 33), ('Park', 29), ('Lee', 12)]
```

그리고 튜플에는 sort 메소드가 존재하지 않는다. 튜플은 그 내용을 수정할 수 없기 때문이다. 하지만 sorted 함수는 정렬된 사본을 새로 생성하기 때문에 iterable 객체면 무엇이든 전달할 수 있다. 단 정렬 결과는 다음 예에서 보이듯이 리스트에 담아서 반환이 된다.

```
>>> org = (3, 1, 2)
>>> cpy = sorted(org)
>>> org
(3, 1, 2)
>>> cpy      # 정렬 결과는 리스트에 담긴다.
[1, 2, 3]
```

따라서 원본과 동일한 자료형을 유지해야 한다면 다음과 같이 함수 호출을 한 단계 더 거쳐야 한다.

```
>>> org = (3, 1, 2)
>>> cpy = tuple(sorted(org))
>>> org
(3, 1, 2)
>>> cpy
(1, 2, 3)
```

마지막으로 다음 튜플을 대상으로 sorted 함수를 호출해서 '정렬된 튜플'을 얻는 예를 보이겠다. 단 정렬의 기준은 각 문자열의 첫 번째 숫자다. 그리고 비교 방법은 수의 크기이다.

```
org = ('321', '214', '197')      # 문자열의 첫 번째 문자인 3과 2와 1을 산술 비교한다.
```

즉 정렬 결과로 다음 튜플을 얻어야 한다.

```
cpy = ('197', '214', '321')
```

그럼 결과를 보이겠다.

```
>>> org = ('321', '214', '197')
>>> cpy = tuple(sorted(org, key = lambda s : int(s[0])))
>>> cpy
('197', '214', '321')
```

## Story 20 · enumerate와 문자열 비교

[문자열 비교]

다음과 같은 일을 진행하는 코드를 작성한다고 가정해보자.

"리스트에 담긴 학생들의 이름을 가나다순으로 정렬하고 1부터 시작해서 번호를 매긴다."

"그리고 그 정보를 딕셔너리에 담는데, 번호가 '키'이고 이름이 '값'이 되도록 한다."

이는 실제로 연초에 학교 선생님들이 하는 일이라 볼 수 있다. 그럼 한 반을 구성하는 학생들의 이름이 담긴 리스트를 제시하겠다.

```
names = ['윤나은', '김현주', '장현지', '이지선', '박선주']        # 같은 반 친구들
```

위의 정보를 대상으로 정렬하고 번호를 매겨서 딕셔너리에 저장하려면 다음 세 가지를 알아야 한다.

정렬하고,                "문자열을 비교하는 방법"

번호를 매겨서,          "번호를 매기는 방법"

딕셔너리에 저장        "딕셔너리에 저장하는 방법"

그런데 이 중에서 문자열 비교 방법만 안다면 나머지는 그럭저럭해 볼 만하다. 그럼 이와 관련해서 다음 예를 보자.

```
>>> 'A' < 'Z'    # 알파벳 순서상 뒤로 갈수록 크다.
True
>>> 'AA' < 'AZ'    # 첫 번째 문자가 같다면 두 번째 문자를 비교한다.
True
>>> 'AA' < 'AAA'    # 비교하는 문자들이 모두 같다면, 하나라도 긴 문자열이 크다.
True
>>> 'A' < 'a'    # 소문자가 대문자보다 크다.
True
```

위의 예에서 보인 규칙만 이해하면 〈 또는 〉으로 문자열 비교를 할 수 있다. 그런데 위에서 보인 규칙들을 다음과 같이 간단히 정리할 수도 있다.

"사전 편찬 순서상 뒤에 위치한 단어가 더 크다."

그러나 근래에는 책으로 된 사전을 보는 경우가 많지 않아서 위의 예에서 보인 바와 같이 정리해 두는 것이 편할지도 모르겠다. 그리고 이는 한글 비교에도 동일하게 적용된다. 한글 역시 '가'보나 '나'가 더 크다. 즉 한글도 사전 편찬 순서상 뒤에 위치한 단어가 더 크다.

```
>>> '가' < '나'      # 가나다순으로 뒤로 갈수록 크다.
True
>>> '가' < '구'      # 아야어여오요우유으이 순으로 뒤로 갈수록 크다.
True
>>> '가가' < '가나'     # 첫 번째 문자가 같다면 두 번째 문자를 비교한다.
True
>>> '하하' < '하하하'      # 비교하는 문자들이 모두 같다면 하나라도 긴 문자열이 크다.
True
```

그럼 다시 본래의 주제로 돌아오자.

"리스트에 담긴 학생들의 이름을 가나다순으로 정렬하고 1부터 시작해서 번호를 매긴다."

"그리고 그 정보를 딕셔너리에 담는데, 번호가 '키'이고 이름이 '값'이 되도록 한다."

그리고 위의 주제를 완성하기 위해 필요한 정렬 방법을 보이겠다.

```
>>> names.sort()      # sort 메소드 호출을 통한 정렬 진행
>>> names
['김현주', '박선주', '윤나은', '이지선', '장현지']
```

가나다순으로 정렬을 할 때 별도로 해야 할 일은 없다. 그냥 sort 또는 sorted 함수를 호출하기만 하면 된다. (문자열을 대상으로 얼마든지 〈 또는 〉 연산을 할 수 있기 때문이다.) 따라서 학생들의 정보는 다음과 같이 정렬하고 번호를 매겨서 딕셔너리에 저장할 수 있다.

```
>>> names = ['윤나은', '김현주', '장현지', '이지선', '박선주']
>>> names.sort()
>>> dnames = {}
>>> i = 1
>>> for n in names:
        dnames[i] = n     # i와 n을 각각 '키'와 '값'으로 해서 딕셔너리에 저장
        i += 1

>>> dnames
{1: '김현주', 2: '박선주', 3: '윤나은', 4: '이지선', 5: '장현지'}
```

처음에 목표했던 코드는 완성했지만, 이 시점에서 우리는 딕셔너리 컴프리헨션을 기반으로 위의 코드를 보다 간단히 하고 싶다는 생각을 하게 된다. (필자가 여러분에게 최면 거는 중이다.) 다만 키에 해당하는 i 값을 1씩 증가시켜야 하기 때문에 딕셔너리 컴프리헨션을 적용하기가 불편하다. 그런데 이어서 소개하는 enumerate 함수를 사용하면 이 역시 문제가 되지 않는다.

## [enumerate]

이번에 소개하는 enumerate 함수는 'enumerate 객체'라는 'iterator 객체'를 생성한다. 그럼 다음 예를 통해서 이 함수의 기능을 소개하겠다.

```
>>> names = ['윤나은', '김현주', '장현지', '이지선', '박선주']
>>> eo = enumerate(names)     # iterator 객체인 enumerate 객체 반환
>>> for n in eo:     # eo에 담긴 것은 iterator 객체이므로 for 루프에 올 수 있음
        print(n)

(0, '윤나은')
(1, '김현주')
(2, '장현지')
(3, '이지선')
(4, '박선주')
```

enumerate 함수는 리스트와 같은 'iterable 객체'를 인자로 전달받는다. 그러면 전달된 리스트에 있는 값들을 하나씩 반환해주는데(enumerate 함수가 반환하는 iterator 객체를 통해서) 위에서 보이듯이 0부터 번호를 매겨서 튜플에 감싸서 반환을 한다. 그리고 만약에 번호를 10부터 매기고자 하는 경우 다음과 같이 그 값을 두 번째 인자로 전달하면 된다.

```
>>> names = ['윤나은', '김현주', '장현지', '이지선', '박선주']
>>> for n in enumerate(names, 10):    # 번호를 10부터 매기기 시작
        print(n)


(10, '윤나은')
(11, '김현주')
(12, '장현지')
(13, '이지선')
(14, '박선주')
```

이제 우리는 enumerate 함수를 알았으니, 아이들 정보의 정렬 및 번호 매기기는 다음과 같이 간단히 (정확히 말하면 한 줄에) 작성할 수 있게 되었다. 참고로 enumerate 함수를 사용한 것도 의미가 있지만, 이를 통해 딕셔너리 컴프리헨션을 사용할 수 있게 되었다는데 더 큰 의미가 있다.

```
>>> names = ['윤나은', '김현주', '장현지', '이지선', '박선주']
>>> dnames = {k : v for k, v in enumerate(sorted(names), 1)}    # 이것이 결론!
>>> dnames
{1: '김현주', 2: '박선주', 3: '윤나은', 4: '이지선', 5: '장현지'}
```

## Story 21 표현식 기반 문자열 조합

## [문자열 조합이란?]

다음과 같이 편집하듯 하나의 문자열을 구성해 내는 것을 가리켜 '문자열 조합'이라 한다. (아래에서 str 함수는 인자로 전달된 내용을 문자열로 만들어서 반환한다. 즉 str(7)의 결과는 문자열 '7'이다.)

```
>>> s = 'I am ' + str(7) + ' years old'      # 문자열 조합
>>> s
'I am 7 years old'
```

이렇듯 단순한 방법으로도 얼마든지 원하는 문자열을 조합해 낼 수 있다. 그런데 파이썬은 보다 괜찮은 문자열 조합 방법을(적은 양의 코드로 다양하게 문자열을 조합할 수 있는 방법을) 제공하고 있다. 그것도 두 가지나 제공하고 있는데 이 둘은 다음과 같다.

String formatting expressions      '표현식'을 기반으로 문자열을 조합하기

                                  '__%s_%s__' % (value, value) 스타일 문자열 조합

String formatting method calls      '메소드 호출'을 통해 문자열 조합하기

                                  '__{ }_{ }__'.format(value, value) 스타일 문자열 조합

첫 번째는 처음부터 존재하던 방식이고, 두 번째는 비교적 최근(버전 2.6과 3.0)에 등장한 방식이다. 그런데 사용 빈도수를 보면 둘 다 무시할 수 없을 정도로 많이 사용된다. 따라서 두 가지 방법 다 알아둘 필요가 있다. 일단 문자열을 조합하면 좋을 만한 상황을 하나 제시하겠다.

```
>>> friends = [('Jung', 22), ('Hong', 23), ('Park', 24)]   # 이름과 나이 정보를 담은 리스트
>>> for f in friends:
        print('My friend', f[0], 'is', f[1], 'years old.')   # 출력할 내용을 각각 전달


My friend Jung is 22 years old.
My friend Hong is 23 years old.
My friend Park is 24 years old.
```

위의 예는 print 함수 호출을 통해서 출력할 내용을 일일이 전달한 경우이다. 이 경우 전달할 값의 수가 많고 print 함수의 출력 방식을 고려해야 한다는 불편함이 있다. 그럼 다음 예를 보자.

```
>>> friends = [('Jung', 22), ('Hong', 23), ('Park', 24)]
>>> for f in friends:
        s = 'My friend ' + f[0] + ' is ' + str(f[1]) + ' years old.'
        print(s)
        # 위의 두 문장을 다음 하나로 대체할 수 있음, 그리고 이것이 더 일반적임
        # print('My friend ' + f[0] + ' is ' + str(f[1]) + ' years old.')


My friend Jung is 22 years old.
My friend Hong is 23 years old.
My friend Park is 24 years old.
```

이 경우 print 함수에 전달하는 문자열이 그대로 출력되므로 앞서 보인 방법에 비해 신경은 덜 쓰일 수 있다. 그러나 하나의 문자열을 조합하기 위한 수많은 덧셈이 불편한 건 사실이다. 어쨌든 지금 보인 두 가지가 지금 우리가 선택할 수 있는 최선의 방법이다. 그리고 이러한 스타일로도 얼마든지 원하는 문자열을 조합할 수 있고 출력할 수 있다. 하지만 이어서 설명하는 방법을 활용하면 훨씬 편하게 이러한 일늘늘 할 수 있나.

## [표현식 기반 문자열 조합]

먼저 앞서 소개했던 두 가지 방법 중 첫 번째 방법을 설명하겠다.

String formatting expressions      '표현식'을 기반으로 문자열을 조합하기

                                                  '__%s_%s__' % (value, value) 스타일의 문자열 조합

일단 다음 예를 보자.

```
>>> s = 'My name is %s' % 'Yoon'        # %s의 위치에 문자열 'Yoon'이 삽입됨
>>> s
'My name is Yoon'
```

위의 예에서는 연산자 %가 사용되었다.

   s = 'My name is %s' % 'Yoon'        # 연산자 %가 사용되었다.

그리고 그 왼편에 있는 것이 구성할 문자열의 '기본 틀'이다. 이 틀에다가 뭔가를 채워 넣어서 새로운 문자열을 조합해낸다.

   'My name is %s' % 'Yoon'        # %의 왼편에 있는 문자열이 '틀'이다.

이 틀에 보면 %s라고 되어 있는 부분이 있는데 이것이 의미하는 바는 다음과 같다.

   "이 위치에다가 이것을(%s를) 대체할 내용을 가져다 놔라."

그리고 %s를 대체할 내용은 다음과 같이 % 연산자의 오른편에 등장한다.

   'My name is %s' % 'Yoon'        # %의 오른편에 있는 것이 대체할 내용이다.

사실 지금 설명한 %s는 틀 안에 '문자열'을 넣을 때 사용하는 것이다. 만약에 틀 안에 정수나 실수를 넣기 원한다면 %d 또는 %f를 사용해야 한다. 이들이 의미하는 바가 각각 다음과 같기 때문이다.

   %s          이 위치에다가 문자열을 넣어라.

   %d          이 위치에다가 정수를 넣어라. (10진수 형태의 정수)

   %f          이 위치에다가 실수를 넣어라.

이렇듯 삽입할 값의 형태를 결정하는 %d나 %s와 같은 것들을 본서에서는 '타입 지시자'라 부르겠다. 이유는 해당 위치에 넣을 '값의 종류를(타입을) 지시하는 용도'로 사용되기 때문이다. 참고로 '서식 지시자'라 부르는 경우도 있다. 사실 정확한 영어 표현은 'conversion specifier'이니 이를 꼭 기억해두자.

물론 하나의 틀 안에 둘 이상의 값들을 넣을 수도 있다. 단 이때 대체할 값들은 튜플로 묶어줘야 한다. 다음 예에서 보이듯이 말이다.

```
>>> s = 'My friend %s is %d years old and %fcm tall.' % ('Jung', 22, 178.5)
>>> s
'My friend Jung is 22 years old and 178.500000cm tall.'
```

위의 예에서 %의 왼편에 있는 문자열에는 다음 순서대로 타입 지시자가 등장하였다.

```
%s %d %f
```

따라서 %의 오른편에는 이들 각각이 요구하는 값들을 다음과 같이 튜플로 묶어서 제공해야 한다.

```
('Jung', 22, 178.5)
```

그리고 그 결과 다음과 같이 타입 지시자가 대체되었다.

```
%s  ⇒      'Jung'

%d  ⇒      22

%f  ⇒      178.5
```

그럼 처음 보인 예제를 지금 설명한 방법을 기반으로 다시 작성해보겠다.

```
>>> friends = [('Jung', 22), ('Hong', 23), ('Park', 24)]
>>> for f in friends:
        print('My friend %s is %d years old' % (f[0], f[1]))

My friend Jung is 22 years old
My friend Hong is 23 years old
My friend Park is 24 years old
```

보다 다양한 타입 지시자들이 있지만 일단은 위의 세 가지만 기억하고 있어도 충분하다. (더 필요한 경우 파이썬 문서를 참고하기 바란다.) 그리고 한 가지만 더 말하자면, 기본적으로 타입 지시자와 값은 일치해야 한다. 즉 다음과 같이 이 둘이 일치하지 않으면 오류가 발생한다.

```
>>> print('%d' % '둘')      # %d가 등장했으니 %의 오른쪽에 정수가 와야 한다.
Traceback (most recent call last):
  File "<pyshell#80>", line 1, in <module>
    print('%d' % '둘')
TypeError: %d format: a number is required, not str
```

그러나 다음 예에서 보이듯이 %s가 등장하면 문자열 이외에 원하는 것 대부분을 가져다 놓을 수 있다.

```
>>> s = 'My friend %s is %s years old and %scm tall.' % ('Jung', 22, 178.5)
>>> s
'My friend Jung is 22 years old and 178.5cm tall.'
```

이것이 가능한 이유는, 파이썬이 형 변환이라는 것을 해주기 때문이다. 즉 %s를 통해서 문자열을 가져다 놓으라고 했는데 정수 22가 왔다. 그럼 파이썬은 정수 22를 문자열 '22'로 바꿔준다. (단 역은 성립하지 않는다. 문자열 '22'를 정수 22로 바꿔주지는 않는다.) 따라서 타입 지시자 %s만 사용해서 문자열을 조합하고자 할 때 다음과 같이 str 함수를 호출해줄 필요는 없다. 위의 예에서 보이듯이 그냥 22와 178.5만 가져다 놔도 된다.

```
>>> s = 'My friend %s is %s years old and %scm tall.' % ('Jung', str(22), str(178.5))
>>> s
'My friend Jung is 22 years old and 178.5cm tall.'
```

그리고 이러한 자동 변환은 다음과 같은 상황에서도 발생한다.

"정수를 %f의 위치에 가져다 놓는 경우, 정수가 실수로 자동 변환된다."

"실수를 %d의 위치에 가져다 놓는 경우, 실수가 정수로 자동 변환된다."

물론 정수를 실수로 변환하는 과정은 다음과 같이 문제가 없다.

```
>>> print('%f' % 25)      # 정수 25가 실수 25.0이 된다.
25.000000
```

그러나 다음에서 보이듯이 실수를 정수로 변환하는 과정에서는 소수점 이하의 값이 사라지는 문제가
발생한다.

```
>>> print('%d' % 3.14)    # 실수 3.14가 정수 3이 된다.
3
```

정수는 소수점 이하의 값을 표현하지 못하기 때문에 실수를 정수로 변환하는 과정에서 소수점 이하의
값이 사라져버린 것이다. 따라서 실수를 정수로 변환하는 과정에서는 이런 결과가 문제가 되지 않도록
주의해야 한다.

## [튜플 말고 딕셔너리로 출력 대상 지정하기]

지금까지 설명한 문자열 조합 스타일은 다음과 같았다. 즉 %의 오른편에 튜플이 등장했다.

```
'__%s_%s__' % (value, value)
```

그런데 다음과 같이 %의 오른편에 딕셔너리가 오게 할 수도 있다.

```
'__%(key)s_%(key)s__' % {key : value, key : value}
```

이러한 스타일의 장점은 이름을 통해서 삽입할 내용을 결정할 수 있다는 것이다. 물론 조금 더 복잡해
보일 수 있으므로 먼저 설명한 방식을 보조하는 수준에서만 사용할 것을 권하고 싶다. 그럼 먼저 예를
하나 보이겠다.

```
>>> s = "%(name)s : %(age)d" % {'name': 'Yoon', 'age': 22}
>>> s
'Yoon : 22'
```

위 예에서는 %s가 아니라 %(name)s, %d가 아니라 %(age)d가 사용되었다. 그리고 이들 각각이 의미하는 바는 다음과 같다.

%(name)s     'name의 값인 문자열(%s)'을 이 위치에 가져다 놔라.

%(age)d      'age의 값인 정수(%d)'를 이 위치에 가져다 놔라.

물론 name과 age는 딕셔너리의 키이다. 그리고 이렇듯 이름으로 지정하는 경우에는 딕셔너리의 구성은 상관이 없다. 즉 다음과 같이 name과 age의 등장 순서가 바뀌어도 괜찮다.

```
{'age': 22, 'name': 'Yoon'}
```

## [보다 세밀한 문자열 조합 지정]

다음과 같이 %f를 통해서 실수를 출력했을 때 0이 제법 많이 붙는다는 사실을 이미 확인하였을 것이다.

```
>>> print('height: %f' % 178.5)
height: 178.500000
```

그런데 이러한 출력 형태를 모두 조절할 수 있다. 조절을 위해 %f와 같은 타입 지시자에 다음 형태로 정보를 추가할 수 있다.

```
%[flags][width][.precision]f
```

즉 %와 f 사이에 다음 세 가지 정보를 추가할 수 있다. 물론 원하는 것만 넣으면 된다.

[flags]          - 또는 0 또는 +를 넣어서 특별한 신호를 줌

[width]          폭, 어느 정도 넓이를 확보하고 출력할지 결정

[.precision]     정밀도, 소수 이하 몇째 자리까지 출력할지 결정

그럼 일단 정밀도에 해당하는 [.precision]을 채워서 문자열을 만들어보자.

```
>>> 'height: %f' % 3.14          # 정밀도 설정 없이 출력
'height: 3.140000'
>>> 'height: %.3f' % 3.14        # 소수점 이하 셋째 자리까지 출력
'height: 3.140'
>>> 'height: %.2f' % 3.14        # 소수점 이하 둘째 자리까지 출력
'height: 3.14'
```

이번에는 소수점 이하 둘째 자리까지의 출력을 위한 정밀도 지정과 함께 최소 폭에 해당하는 [width]을 채웠을 때의 결과를 확인해보자.

```
>>> 'height: %7.2f입니다.' % 3.14         # 7칸 확보하고 그 공간에 3.14를 넣음
'height:    3.14입니다.'
>>> 'height: %10.2f입니다.' % 3.14        # 10칸 확보하고 그 공간에 3.14를 넣음
'height:       3.14입니다.'
```

위에서 보이듯이 7칸을 확보했는데 실제 출력할 내용은 3.14 즉 4칸이면 충분한 경우, 오른쪽에 붙여서 출력하고 나머지 공간은 그냥 비워 둔다. 즉 첫 번째 출력의 결과에서는 다음과 같이 세 칸의 빈칸이 존재하게 된다. (빈칸을 ⌒으로 표시하였음)

'height: ⌒⌒⌒3.14입니다.'          # 7칸 확보한 경우

'height: ⌒⌒⌒⌒⌒⌒3.14입니다.'          # 10칸 확보한 경우

그럼 실제로 그런지 확인하기 위해 빈 공간에 숫자 0을 넣어보겠다. 그리고 이를 위해서 특별한 신호를 주는 [flags]의 위치에 0을 넣으면 된다. (이렇게 우리의 이야기는 [flags]에 대한 설명으로 자연스럽게 넘어간다.)

```
>>> 'height: %07.2f입니다.' % 3.14
'height: 0003.14입니다.'
>>> 'height: %010.2f입니다.' % 3.14
'height: 0000003.14입니다.'
```

그럼 이번에는 [flags]에 0이 아닌 -를 두어서 출력할 내용들을 오른쪽으로 붙이지 않고 왼쪽으로 붙여보겠다.

```
>>> 'height: %-7.2f입니다.' % 3.14      # -는 왼쪽으로 붙여서 출력을 의미한다.
'height: 3.14    입니다.'
>>> 'height: %-10.2f입니다.' % 3.14     # -는 왼쪽으로 붙여서 출력을 의미한다.
'height: 3.14       입니다.'
```

이제 마지막으로 [flags]에 +를 둘 때의 효과를 보겠다. 참고로 [flags]에 -를 둘 때의 효과와는 아무런 관계가 없다. (반대 효과를 기대하지 말자.)

```
>>> n = 3
>>> 'num: %+d' % n       # [flags]에 +를 두면 부호가 함께 출력
'num: +3'
>>> n = -1
>>> 'num: %+d' % n       # [flags]에 +를 두면 부호가 함께 출력
'num: -1'
```

위의 예에서 보이듯이 +를 두면 부호가 함께 출력된다. 원래 0 보다 큰 값은 +가 표시되지 않지만 이렇듯 [flags]에 +를 두면 0보다 큰 값에는 +가, 0보다 작은 값에는 -가 함께 출력된다.

- [flags]에 대한 정리

    +       부호 정보도 함께 출력을 해라. (0보다 크면 +, 작으면 -를 붙여서 출력해라.)

    0       빈 공간을 0으로 채워라.

    -       공간이 남을 때는 왼쪽으로 붙여서 출력을 해라.

그럼 정리하는 차원에서 다음 요구 사항을 모두 만족시키는 출력 결과를 보여보자.

| | |
|---|---|
| 출력 패턴 | 'height: %f입니다.' % 3.14 |
| 출력 정밀도 | 소수점 이하 셋째 자리까지 출력한다. |
| 출력을 위한 공간 확보 | 10칸을 확보하고 출력한다. |
| 기타 옵션 1 | 왼쪽으로 정렬해서 출력한다. |

기타 옵션 2                    부호 정보 함께 출력 (0보다 크면 + 붙여서 출력)

이를 위한 타입 지시자의 완성 과정은 다음과 같다.

    소수점 이하 셋째 자리까지 출력한다.                    %.3f

    10칸을 확보하고 출력한다.                    %10.3f

    왼쪽으로 정렬해서 출력한다.                    %-10.3f

    부호 정보 함께 출력 (0보다 크면 + 붙여서 출력)                    %-+10.3f

그리고 실행 결과는 다음과 같다.

```
>>> 'height: %-+10.3f입니다.' % 3.14
'height: +3.140     입니다.'
```

딕셔너리로 출력 대상을 지정할 때도 지금 설명한 내용이 그대로 적용된다. 그럼 이에 대한 예를 하나 간단히 보이겠다.

```
>>> '%(h)s: %(v)-+10.3f입니다.' % {'h': 'height', 'v': 3.14}
'height: +3.140     입니다.'
```

지금까지 설명한 내용은 문자열 조합에 대한 일종의 약속이다. 따라서 그 약속을 이해했다면 필요할 때 참조해서 적용만 잘하면 된다.

## Story 22  메소드 기반 문자열 조합

### [기본적인 사용 방법]

앞서 설명한 내용에 이어서 두 번째 문자열 조합 방법을 소개하겠다.

String formatting method calls      '메소드 호출'을 통해 문자열 조합하기

'__{ }_{ }__'.format(value, value) 스타일 문자열 조합

사실 지금 소개하는 방법은 앞서 소개한 방법보다 직관적이어서 이해하기 쉽다. 때문에 몇몇 예제만 보아도 기본적인 부분은 이해할 수 있다. 먼저 소개할 예제는 다음과 같다.

```
>>> fs = '{0}...{1}...{2}'
>>> ms = fs.format('Robot', 125, 'Box')
>>> ms
'Robot...125...Box'
>>> # {0}은 'Robot'으로 대체됨
>>> # {1}은 125로 대체됨
>>> # {2}는 'Box'로 대체됨
```

문자열 안에 있는 {0}은 format 메소드의 첫 번째 전달인자로 대체된다. 그리고 {1}은 두 번째 전달인자로 대체되고 {2}는 세 번째 전달인자로 대체되어 새 문자열이 생성된다. 물론 이는 다음과 같이 한 줄에 담아서 그 결과를 확인할 수도 있다.

```
>>> '{0}...{1}...{2}'.format('Robot', 125, 'Box')
'Robot...125...Box'
```

다음과 같이 {0}, {1} 그리고 {2}의 순서를 바꿀 수도 있다. (그리고 각각을 두 번 이상 등장시킬 수도 있다.)

```
>>> '{2}...{1}...{0}'.format('Robot', 125, 'Box')
'Box...125...Robot'
```

만약에 format 메소드에 전달되는 값들을 순서대로 출력하는 경우라면, 그러니까 {0}, {1} 그리고 {2}의 순으로 출력하는 경우라면 다음과 같이 전달 인자의 순서를 의미하는 숫자를 생략해도 된다.

```
>>> '{}...{}...{}'.format('Robot', 125, 'Box')
'Robot...125...Box'
>>> # 위의 문장은 '{0}...{1}...{2}'.format('Robot', 125, 'Box')와 그 결과가 같음
```

그리고 다음은 이름으로 대체할 대상을 지정하는 방식이다.

```
>>> '{toy}...{num}...{item}'.format(toy = 'Robot', num = 125, item = 'Box')
'Robot...125...Box'
>>> # {toy}는 toy = 'Robot'의 'Robot'으로 대체됨
>>> # {num}는 num = 125의 125로 대체됨
>>> # {item}은 item = 'Box'의 'Box'로 대체됨
```

지금까지 설명한 내용들은 예제만 잘 관찰해도 알 수 있다. 그리고 이렇듯 관찰하고 필요할 때 적용하는 것이 핵심이기 때문에 예제 중심으로 이해하고 참조할 수 있으면 된다. (이어서 설명하는 내용들도 마찬가지이다.)

## [인덱싱 연산을 추가하여]

지금 설명하는 방법은 메소드를 호출하는 형태이다 보니 다음과 같이 언패킹을 고려해서 인자를 전달할 수도 있다.

```
>>> my = ['Robot', 125, 'Box']
>>> '{0}...{1}...{2}'.format(*my)    # 인자 전달 과정에서 리스트 대상으로 언패킹
'Robot...125...Box'
>>> # 위의 문장은 '{0}...{1}...{2}'.format(my[0], my[1], my[2]) 와 같다.
```

그리고 인덱싱 연산을 더해서 다음과 같은 형태로 문자열을 조합하는 것도 가능하다.

```
>>> my = ['Box', (24, 31)]
>>> '{0[0]}..{0[1]}..{1[0]}..{1[1]}'.format(*my)    # {0}은 'Box'이고 {1}은 (24, 31)이다.
'B..o..24..31'
>>> # {0}은 'Box'이므로 {0[0]}은 'B', {0[1]}은 'o'
>>> # {1}은 (24, 31)이므로 {1[0]}은 24, {1[1]}은 31
```

물론 format 메소드에 전달되는 값이 딕셔너리인 경우에도 '딕셔너리 기반의 인덱싱 연산'을 통해서
문자열을 조합할 수 있다.

```
>>> d = {'toy': 'Robot', 'price': 3500}
>>> 'toy = {0[toy]}, price = {0[price]}'.format(d)
'toy = Robot, price = 3500'
>>> # {0}은 {'toy': 'Robot', 'price': 3500}이므로 {0[toy]}는 'Robot'이다.
>>> # {0}은 {'toy': 'Robot', 'price': 3500}이므로 {0[price]}는 3500이다.
```

## [보다 세밀한 문자열 구성 지정]

앞서 '표현식 기반 문자열 조합'에서 다음 패턴으로 정밀도를 지정하거나 출력 공간을 확보한 바 있다.

```
%[flags][width][.precision]f
```

메소드 호출 방식을 기반으로도 이러한 일이 가능하다. 그럼 다음 예를 보자. 이를 시작으로 하나씩 설
명해 나가겠다.

```
>>> '{0}'.format(3.14)
'3.14'
>>> # 위와 같이 {0}으로 3.14 출력하는 경우, 파이썬이 '실수(real number)'라고 판단 및 출력
>>> '{0:f}'.format(3.14)
'3.140000'
>>> # 위와 같이 {0:f}으로 3.14 출력하는 경우, 프로그래머가 '실수'라고 직접 알려주는 것임
>>> # {0:f}와 같이 f를 붙여서 실수를 출력하면 정밀도가 소수 이하 6자리로 설정됨
```

위에서 보이듯이 {0}으로 표시하면 전달되는 값에 따라서 자료형이 결정된다. 그런데 {0:f}으로 표시하면 다음과 같은 메시지를 포함하게 된다. (그리고 정밀도가 소수점 이하 6자리로 설정된다.)

"이 자리에 넣을 값은 실수이다."

즉 다음의 경우 삽입할 값의 종류를 프로그래머가 직접 명시하는 것이다.

```
>>> '{0:d}'.format(3)      # d는 값의 종류가 정수임을 명시하는 것임
'3'
>>> '{0:f}'.format(3.1)     # f는 값의 종류가 실수임을 명시하는 것임
'3.100000'
```

그럼 출력의 모양새가 동일한 다음 둘을 대상으로 하나씩 설명해 나가겠다.

```
>>> '%f' % 3.14
'3.140000'
>>> '{0:f}'.format(3.14)
'3.140000'
```

일단 위의 예를 확장해서 정밀도를 소수점 이하 넷째 자리로 실징해보겠다.

```
>>> '%.4f' % 3.14          # % 뒤에 .4를 넣어 줌
'3.1400'
>>> '{0:.4f}'.format(3.14)          # : 뒤에 .4를 넣어 줌
'3.1400'
```

이번에는 위의 예를 확장해서 출력의 폭을 9칸 확보하고 오른쪽으로 붙여서 출력을 진행해보겠다.

```
>>> '%9.4f' % 3.14          # %와 .4 사이에 9를 넣어 줌
'   3.1400'
>>> '{0:9.4f}'.format(3.14)          # :와 .4 앞에 9를 넣어 줌
'   3.1400'
```

위의 예에서는 둘 다 기본적으로(아무런 설정하지 않아도) 오른쪽으로 붙여서 출력을 진행해줬다. 그런데 format 메소드는 삽입하는 값의 종류에 따라서 붙이는 방향이 달라진다. 그래서 다음과 같이 어느 쪽으로 붙일지 직접 명시하는 것이 좋다.

```
>>> '{0:<10.4f}'.format(3.14)     # <은 왼쪽으로 붙이라는 의미
'3.1400    '
>>> '{0:>10.4f}'.format(3.14)     # >은 오른쪽으로 붙이라는 의미
'    3.1400'
>>> '{0:^10.4f}'.format(3.14)     # ^은 중앙에 위치시키라는 의미
'  3.1400  '
```

이번에는 0보다 작은 값은 물론이고 0보다 큰 값에도 부호를 붙여서 출력하는 방법을 보이겠다.

```
>>> '%+d, %+d' % (5, -5)       # 부호 출력의 의미로 % 뒤에 + 넣어 줌
'+5, -5'
>>> '{0:+d}, {1:+d}'.format(5, -5)     # 부호 출력의 의미로 : 뒤에 + 넣어 줌
'+5, -5'
>>> # 위의 문장에서 d는 생략 가능, 즉 '{0:+}, {1:+}'.format(5, -5) 와 같음
>>> # 그리고 순서대로 등장하니 0과 1도 생략 가능, 즉 '{:+}, {:+}'.format(5, -5) 와 같음
```

마지막으로 빈 공간에 임의의 문자를 넣는 방법을 보이겠다. 이는 format 메소드를 호출하는 방법만 예로 제시하겠다.

```
>>> '{0:*^10.4f}'.format(3.14)    # :와 ^ 사이에 등장한 *로 빈 공간 채움
'**3.1400**'
>>> '{0:+<10}'.format(7)          # :와 < 사이에 등장한 +로 빈 공간 채움
'7+++++++++'
>>> '{0:^^10}'.format('hi')       # :와 ^ 사이에 등장한 ^으로 빈 공간 채움
'^^^^hi^^^^'
>>> # 위의 세 문장 모두 0 생략 가능, 즉 마지막 문장은 '{:^^10}'.format('hi') 와 같음
```

아직은 % 기반 문자열 조합이 많이 사용되는 것 같다. (물론 달라질 수 있다.) 그러나 format 메소드 기반 문자열 조합을 사용하는 편이 낫다고 많은 이들이 조언한다. 이유는 더 직관적이고 다양하게 옵션을 지정할 수 있고, 또 메소드 호출 방식이다 보니 이로 인해 코드를 유연하게 작성할 수 있는 (예를 들면 언패킹을 활용할 수 있는) 장점이 있기 때문이다.

# Story 23

## 클래스와 객체의 본질

## [객체 안에 변수가 만들어지는 시점]

'열혈 파이썬 기초편'에서 클래스와 객체에 대해 다음과 같이 설명하였다.

클래스        객체를 만들기 위한 일종의 설계도

객체          클래스를 기반으로 만들어진 실제 사물

그리고 이는 소프트웨어 공학 관점에서의 클래스와 객체에 대한 설명이다. 즉 위의 정의는 언어에 따라 달라지는 내용이 아니다. 그래서 '열혈 파이썬 기초편'에서는 이 틀을 벗어나지 않는 방향으로 클래스와 객체를 설명하였다. 그런데 파이썬의 클래스와 객체에는 조금 독특한 부분이 있다. 그래서 지금부터 이에 대해서 설명하고자 한다. 일단 다음 클래스 정의를 보자.

```
>>> class Simple:
        def seti(self, i):    # seti 메소드의 정의
            self.i = i
        def geti(self):       # geti 메소드의 정의
            return self.i
```

클래스의 기본 정의는 다음과 같다.

"클래스 내에 들어갈 변수와(데이터와) 메소드를(기능을) 결정하는 것"

그런데 위의 클래스에는 메소드의 정의만 존재한다. 즉 변수의 선언은 존재하지 않는다. 그러나 파이썬은 객체에 필요한 변수를 알아서 생성해준다. 그리고 객체 내에 변수가 생성되는 정확한 시점은 다음과 같다.

"객체 내에서 해당 변수를 대상으로 대입 연산을 처음 진행하는 순간"

따라서 위의 클래스를 대상으로 다음과 같이 객체를 생성하고 메소드를 호출하면 문제가 없다.

```
>>> s1 = Simple()
>>> s1.seti(200)      # 이 메소드의 실행 과정에서 객체 내에 변수 i가 만들어진다.
>>> s1.geti()
200
```

seti 메소드를 호출하면 그 안에서 다음 문장이 실행되면서 객체 내에 변수 i가 만들어지기 때문이다.

```
self.i = i        # 처음 이 문장이 실행되면 객체 내에 변수 i가 만들어짐
```

그러나 다음과 같이 geti 메소드를 먼저 호출해 버리면 이때는 오류가 발생한다.

```
>>> s2 = Simple()
>>> s2.geti()     # 아직 객체 내에 변수 i가 없는 상태이므로 오류 발생!
Traceback (most recent call last):
  File "<pyshell#18>", line 1, in <module>
    s2.geti()
  File "<pyshell#13>", line 5, in geti
    return self.i
AttributeError: 'Simple' object has no attribute 'i'
```

그러나 클래스를 정의할 때, 객체 생성 시 자동으로 호출되는 __init__ 메소드를 다음과 같이 정의하고 또 그 안에서 객체 내에 필요한 모든 변수를 초기화 해주기만 한다면 위에서 보인 오류 상황은 걱정하지 않아도 된다.

```
>>> class Simple:
        def __init__(self):
            self.i = 0       # 변수 초기화, 이 순간에 변수 i가 만들어짐
        def seti(self, i):
            self.i = i
        def geti(self):
            return self.i

>>> s = Simple()
>>> s.geti()
0
>>> s.seti(25)
>>> s.geti()
25
```

__init__의 호출이 완료되는 시점을 객체 생성이 완료되는 시점으로 판단한다. 따라서 __init__ 메소드를 잘 정의했다는 가정하에서 다음 규칙은 파이썬에서도 여전히 유효하다.

"설계도에 해당하는 클래스를 바탕으로 만들어진 객체에는 변수와 메소드가 담겨 있다."

그리고 위의 규칙이 깨지지 않도록 __init__ 메소드를 잘 정의하는 것이(모든 변수를 적절히 초기화하는 것이) 중요하다.

## [객체에 변수와 메소드 붙였다 떼었다 해보기]

당장 유용하게 사용될 특성은 아니지만, 알아 두면 파이썬에 대한 이해도가 깊어지는 다음 특성을 설명하려고 한다.

"파이썬의 객체에는 변수와 메소드를 붙이기도 하고 떼기도 할 수 있다."

프로그램을 만들 때 이런 특성을 직접적으로 사용하지는 않는다. 따라서 파이썬의 객체 특성을 조금 깊이 이해한다는 생각으로 재미를 느껴가며 이어지는 설명을 들어보자. 그럼 다음 예를 보자.

```
>>> class SoSimple:
        def geti(self):
            return self.i


>>> ss = SoSimple()
>>> ss.i = 27        # 이 순간 변수 ss에 담긴 객체에 i라는 변수가 생긴다.
>>> ss.geti()        # ss에 담긴 객체에 i가 생겼으므로 geti 메소드 호출 가능
27
```

위의 예에서는 객체 생성 이후에 다음과 같은 형태로 변수 i를 객체에 추가하였다. 이렇듯 변수 i를 추가했기 때문에 이어서 geti 메소드를 호출할 수 있었다.

```
ss.i = 27
```

그리고 위의 코드에 이어서 다음 코드도 실행해보자.

```
>>> ss.hello = lambda : print('hi~')      # hello라는 메소드를 추가
>>> ss.hello()
hi~
```

위의 예에서는 '람다식을 기반으로 만든 함수'를 hello라는 이름으로 객체에 추가하였다. 이렇듯 객체에는 함수도 추가할 수 있다. 그럼 위의 코드에 이어서 다음 코드도 실행해보자. 이는 앞서 추가했던 i와 hello를 객체에서 삭제하는 코드이다.

```
>>> del ss.i       # ss에 담긴 객체에서 변수 i 삭제
>>> del ss.hello      # ss에 담긴 객체에서 메소드 hello 삭제
```

이렇듯 i와 hello를 삭제하고 나면, 이 둘에 접근하는 코드에서는 다음과 같이 오류가 발생한다.

```
>>> ss.geti()
Traceback (most recent call last):
  File "<pyshell#79>", line 1, in <module>
    ss.geti()
  File "<pyshell#68>", line 3, in geti
    return self.i
AttributeError: 'SoSimple' object has no attribute 'i'
```

사실 다른 객체지향 언어에 경험이 있는 이들에게는 지금 설명한 이러한 유연함이 꽤 불편하게 다가올 수 있다. 그러나 이러한 유연함을 클래스와 객체를 지원하기 위한 파이썬의 독특한 특성으로 정리한다면 불편함은 덜할 것이다.

## [클래스에 변수 추가하기]

앞서 객체에 변수를 추가해 보았는데, 이와 유사하게 파이썬에서는 클래스에도 변수를 추가할 수 있다.

```
>>> class Simple:
        def __init__(self, i):
            self.i = i
        def geti(self):
            return self.i


>>> Simple.n = 7       # Simple 클래스에 변수 n을 추가하고 7로 초기화
>>> Simple.n
7
```

여기서 한가지 의문이 드는 것은, 클래스는 객체와 달리 설계도일 뿐인데 어떻게 변수를 추가할 수 있느냐는 것이다. 그런데 이렇듯 변수 추가가 가능한 이유는 다음에 있다.

"파이썬의 클래스는 클래스이자 객체이다."

잠시 후에 자세히 설명하겠지만, 이렇듯 프로그래머가 직접 정의하는 클래스들은 'type이라는 클래스'의 객체이다. 그래서 객체에 변수를 추가하듯이 클래스에도 변수를 추가할 수 있다. 그럼 위의 예제에 이어서 다음 예제를 실행해보자.

```
>>> s1 = Simple(3)
>>> s2 = Simple(5)
>>> print(s1.n, s1.geti(), sep = ', ')
7, 3
>>> print(s2.n, s2.geti(), sep = ', ')
7, 5
```

위의 예제에서는 다음과 같이 변수 n에 접근하였다. 정확히는 변수 n의 값을 얻기 위해 접근하였다.

```
print(s1.n, s1.geti(), sep = ', ')

print(s2.n, s2.geti(), sep = ', ')
```

이 경우 s1과 s2의 객체에서 n을 찾는다. 그러나 이 두 객체에는 n이 없다. 이때 파이썬은 해당 객체의 설계도에 해당하는 클래스를 찾아가서 n을 찾는다. 즉 두 경우 모두 Simple 클래스에서 n을 찾는다. 그래서 s1을 통해 n을 출력한 결과와 s2를 통해서 n을 출력한 결과가 동일하다. 그리고 이와 관련해서 추가로 해야 할 설명들이 있지만 이는 조금 뒤로 미루고 다음과 같이 정리하고 일단락하고자 한다.

"클래스에 속하는 변수를 만들 수 있다."

"객체에 '찾는 변수'가 없으면 해당 객체의 클래스로 찾아가서 그 변수를 찾는다."

위의 두 가지 사실은 반드시 기억하고 있어야 한다.

## [파이썬에서는 클래스도 객체]

type은 우리가 지금까지 자료형을 확인할 때 호출해 왔던 함수의 이름이다. 그런데 이는 사실 클래스의 이름이다. (그러나 함수처럼 사용할 수 있으며, 이렇게 사용할 때 자료형의 종류를 알려주게 된다.) 이러한 사실은 다음과 같이 간단히 알 수 있다.

```
>>> type
<class 'type'>
```

type이 그저 함수일 뿐이라면 ⟨function type at ~⟩의 형태로 출력이 이뤄진다. 그런데 클래스이기 때문에 위와 같이 출력이 이뤄졌다. 그럼 다음 예를 보자.

```
>>> type([1, 2])     # [1, 2]의 자료형을 물었다.
<class 'list'>
>>> type(list)       # list의 자료형을 물었다.
<class 'type'>
```

위의 예에서 보이듯이 type을 통해서 [1, 2]의 자료형을 물으니 다음과 같이 list라고 답을 했다. 즉 전달된 것이 리스트의 객체임을 뜻하는 것이다.

    `<class 'list'>`    전달된 것이 `'list 클래스의 객체'`임을 의미함

그리고 list를 전달하니 이번에는 이것이 type 클래스의 객체임을 다음과 같이 말하고 있다.

    `<class 'type'>`    전달된 것이 `'type 클래스의 객체'`임을 의미함

즉 리스트 클래스는 사실 type이라는 클래스의 객체였던 것이다. 그럼 이어서 다음 예를 보자.

```
>>> class Simple:
        pass    # 텅 빈 클래스를 만드는 방법!

>>> type(Simple)     # Simple 클래스 전달하는 상황
<class 'type'>
```

사용자가 만든 클래스 Simple은 type 클래스의 객체임을 위의 예에서 확인해주고 있다. 그리고 이를 통해 여러분에게 정리해 주고 싶은 내용은 다음과 같다.

"클래스도 객체이다."

"클래스는 type이라는 클래스의 객체이다."

지금 설명한 내용은 '메타 클래스'라는 개념의 초입에 해당한다. 그런데 이 이상 설명하는 것은 이 책의 범위를 벗어난다. 게다가 메타 클래스는 각종 라이브러리를 개발하는 아주 소수의 프로그래머들에게 필요한 기능이기에 대다수 프로그래머들의 관심을 벗어난다. 그래서 여기서 멈추기로 하겠다. 하지만 지금까지 설명한 내용은 파이썬을 잘 쓰기 위해서라도 알아 둘 필요가 있다.

정리하면, 파이썬의 클래스는 그 자체로 객체이다. 때문에 객체를 대상으로 할 수 있는 일들 대부분을 클래스를 대상으로도 할 수 있다. 다음과 같이 변수에 클래스를 담을 수 있는 것도 클래스가 객체이기 때문에 가능한 일이다.

```
>>> class Simple:
        pass

>>> simple2 = Simple      # 변수 simple2에 클래스 Simple 담음
>>> s1 = Simple()    # 클래스 Simple로 객체 생성
>>> s2 = simple2()    # 변수 simple2로도 객체 생성할 수 있음
```

## 상속

[부모 클래스와 자식 클래스]

파이썬의 클래스는 '상속'이라는 것을 할 수 있다. 그리고 상속이 의미하는 바를 그림으로 정리하면 다음과 같다. (그림에서 사각형은 클래스를 의미한다.)

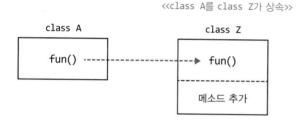

[그림 24-1: 상속이 갖는 의미]

위 그림은 A 클래스를 Z 클래스가 상속했을 때의 결과를 보여준다. 그리고 이때 이들 각각을 가리켜 다음과 같이 부른다.

　　A 클래스　　　부모 클래스, 슈퍼 클래스, 상위 클래스

　　Z 클래스　　　자식 클래스, 서브 클래스, 하위 클래스

즉 A와 Z를 각각 '부모 클래스'와 '자식 클래스'라 부르기도 하고 '슈퍼 클래스'와 '서브 클래스'라 부르기도 한다. 그리고 위 그림에서 보이듯이 상속을 하게 되면 다음 결과를 얻을 수 있고, (그림에서 A 클래스의 fun 메소드가 Z 클래스에도 담기듯이)

　　"부모 클래스가 갖는 모든 메소드가 자식 클래스에도 담긴다."

이에 더하여 다음과 같은 일을 할 수도 있다.

　　"자식 클래스에는 별도의 메소드를 추가할 수 있다."

그럼 다음 예를 통해서 위의 두 가지 사실을 확인해보겠다. 이 예제는 아빠의 재능을 물려받은 아들에 대한 이야기이다.

```python
# father_son.py
class Father:
    def run(self):    # 달리기 능력이 있음!!
        print("so fast!!!")

class Son(Father):    # Father 클래스를 상속하는 Son 클래스
    def jump(self):    # 점프 능력이 있음!!
        print("so high!!!")

def main():
    s = Son()     # 아들 객체를 생성해서 s에 담음
    s.run()       # 아빠에게 물려받은 run 메소드 호출
    s.jump()      # 별도로 추가한 jump 메소드 호출

main()
```

```
so fast!!!
so high!!!
```

위 예제를 통해 알 수 있는 사실 둘은 다음과 같다.

"상속을 하는 방법"

"Father를 상속하는 Son의 객체를 대상으로 run 메소드 호출 가능하다."

즉 상속 관계가 형성되었기 때문에 다음 그림에서 보이듯이 Son 클래스에는 Father 클래스의 메소드도 함께 손새하는 형태가 된다. 그래서 Son 객체를 통해 run 메소드도 호출 가능했던 것이다

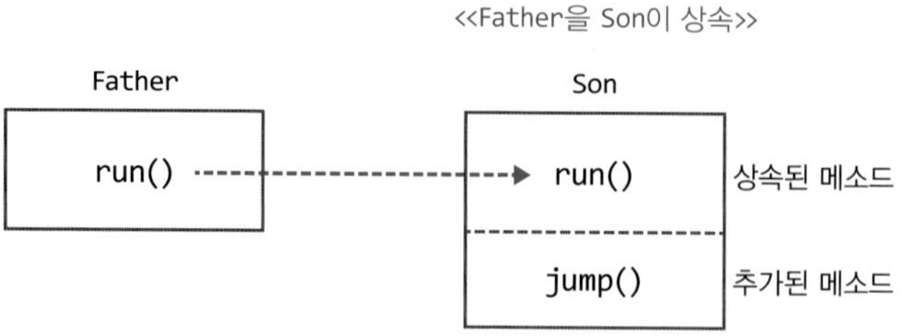

<<Father을 Son이 상속>>

[그림 24-2: Father을 상속하는 Son]

그리고 한 번에 둘 이상의 클래스를 상속하는 것도 가능한데 이를 다음 예제를 통해 보이겠다. 이 예제
는 아빠와 엄마의 재능을 다 물려받은 아들의 이야기를 담고 있다.

```python
# parent_son.py
class Father:
    def run(self):    # 아빠는 달리는 능력이 있음
        print("so fast!!!")

class Mother:
    def dive(self):    # 엄마는 잠수하는 능력이 있음
        print("so deep!!")

class Son(Father, Mother):    # Father와 Mother을 동시 상속하는 Son 클래스
    def jump(self):        # 아들은 추가로 점프 능력을 갖고 태어남
        print("so high!!!")

def main():
    s = Son()    # 아들 객체 생성
    s.run()      # 아빠로부터 물려받은 능력
    s.dive()     # 엄마로부터 물려받은 능력
    s.jump()     # 아들이 추가로 갖고 태어난 능력

main()
```

```
so fast!!!
so deep!!
so high!!!
```

이렇듯 동시에 둘 이상의 클래스를 상속하는 것도 가능하다. 그러나 둘 이상의 클래스를 동시에 상속하면 구조가 복잡해지고 주의해야 할 사항들이 늘어나기 때문에 일반적으로는 둘 이상의 클래스를 동시에 상속하지 않는다. 따라서 일단은 단일 상속에만(하나의 클래스만을 상속하는 것에만) 관심 둘 것을 권하고 싶다.

## [메소드 오버라이딩과 super]

상속 관계에 있어서 부모 클래스가 갖는 메소드와 동일한 이름의 메소드를 자식 클래스가 정의하는 경우도 있다. 이를 가리켜 '메소드 오버라이딩'이라 하며, 이 경우 부모 클래스의 메소드는 보이지 않는 상태가 된다. (보이지 않는 상태라는 것은 지워진 상태가 아니라 호출이 불가능한 상태를 의미한다.)

```python
# father_son2.py
class Father:
    def run(self):
        print("so fast, dad style")

class Son(Father):
    def run(self):     # Father 클래스의 run 메소드를 가림(오버라이딩 함)
        print("so fast, son style")

def main():
    s = Son()
    s.run()     # Son의 run 메소드가 호출된다.

main()
```

```
so fast, son style
```

위 예제에서는 Son이 Father를 상속한다. 그리고 Father에 run 메소드가 있는데 Son에도 같은 이름의 메소드가 있다. 즉 Son의 run 메소드가 Father의 run 메소드를 가렸다.

<<Father을 Son이 상속>>

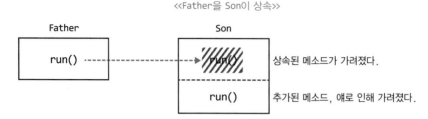

[그림 24-3: 가려진 run 메소드]

그래서 Son 객체를 통해서 run 메소드를 호출했을 때 Father의 run이 아닌 Son의 run이 호출된다.

"그럼 위 예제의 Son 객체에는 두 개의 run 메소드가 있는 상태인가요?"

맞다! Son 객체에는 Father의 run과 Son의 run이 모두 존재한다. 다만 Father의 run이 가려졌을 뿐이다. 그러나 이렇게 가려진 run도 호출이 가능하다. 그 방법을 다음 예를 통해 보이겠다.

```python
# father_son3.py
class Father:
    def run(self):
        print("so fast, dad style")

class Son(Father):
    def run(self):
        print("so fast, son style")
    def run2(self):
        super().run()     # 부모 클래스의 run 호출 방법, 가려진 run 호출 방법

def main():
    s = Son()
    s.run()
    s.run2()

main()
```

```
so fast, son style
so fast, dad style
```

가려진 메소드를 호출할 때는 위 예에서 보이듯이 앞에다 super()을 붙여주면 된다. 물론 그 사이에 점도 찍어준다.

## [__init__ 메소드의 오버라이딩]

메소드 오버라이딩을 할 수밖에 없으면서 동시에 가려진 메소드를(오버라이딩 된 메소드를) 호출해야만 하는 상황이 있어서 이를 소개하려고 한다. 먼저 다음 예를 보자. 이는 자동차 정보를 담을 수 있는 클래스를 정의한 예이다.

```python
# car.py
class Car:
    def __init__(self, id, f):
        self.id = id       # 차량 번호
        self.fuel = f       # 남아 있는 연료의 상태
    def drive(self):          # 주행 시 연료 감소
        self.fuel -= 10
    def add_fuel(self, f):  # 연료 보충
        self.fuel += f
    def show_info(self):       # 현재 차의 상태 출력
        print("id:", self.id)
        print("fuel:", self.fuel)

def main():
    c = Car("32러5234", 0)    # 자동차 구매 및 등록
    c.add_fuel(100)          # 연료 보충
    c.drive()                # 주행
    c.show_info()            # 지금 차량 상태는?

main()
```

```
id: 32러5234
fuel: 90
```

다음은 위에서 보인 Car 클래스를 상속하는 Truck 클래스를 정의한 예이다. (Car 클래스는 앞의 예
제와 동일하다. 그래도 학습의 편의상 다시 한번 실었다.)

```python
# truck.py
class Car:
    def __init__(self, id, f):
        self.id = id
        self.fuel = f
    def drive(self):
        self.fuel -= 10
    def add_fuel(self, f):
        self.fuel += f
    def show_info(self):
        print("id:", self.id)
        print("fuel:", self.fuel)


class Truck(Car):
    def __init__(self, id, f, c):
        super().__init__(id, f)      # Car의 __init__ 메소드 호출
        self.cargo = c               # 차에 실려 있는 짐의 양
    def add_cargo(self, c):          # 짐을 추가한다.
        self.cargo += c
    def show_info(self):             # 현재 차의 상태 출력
        super().show_info()          # Car의 show_info 메소드 호출
        print("cargo:", self.cargo)


def main():
    t = Truck("42럭5959", 0, 0)
    t.add_fuel(100)
    t.add_cargo(50)
    t.drive()
    t.show_info()


main()
```

```
id: 42럭5959
fuel: 90
cargo: 50
```

위 예제에서 보이듯이 Car를 상속하는 Truck 클래스는 다음의 형태로 \_\_init\_\_ 메소드를 정의해야 한다. 그래야 Truck에 속한 변수뿐 아니라 Car에 속한 변수들도 적절히 생성되고 초기화된다.

```
def __init__(self, id, f, c):  # 인자를 통해 부모의 변수를 초기화 활 값도 전달받는다.

    super().__init__(id, f)   # Car의 __init__ 메소드 호출, id와 f를 통해 부모의 변수 초기화

    self.cargo = c            # c를 통해 자식의 변수 초기화
```

즉 자식 클래스의 \_\_init\_\_ 메소드 내에서는 부모 클래스의 \_\_init\_\_ 메소드를 호출해야 한다. 그래야 객체 생성 시 객체 내에서 필요로 하는 모든 변수를 적절히 초기화할 수 있다. 물론 이를 위해서는 다음 사실도 기억해야 한다.

"자식 클래스의 \_\_init\_\_은 부모의 변수를 초기화할 값도 함께 전달받아야 한다."

그래야 부모 클래스의 \_\_init\_\_ 메소드에 적절한 값을 전달할 수 있다. 결론적으로 객체 생성 시 자동으로 호출되는 \_\_init\_\_은 오버라이딩 해야 하는 메소드이면서 동시에 가려진 부모의 \_\_init\_\_을 반드시 호출해야 하는 메소드이다.

Story
25 ○──── **isinstance 함수와 object 클래스**

[isinstance 함수]

먼저 다음 함수를 소개하고자 한다.

  isinstance(object, classinfo)          객체의 클래스 유형을 확인하는 함수

그럼 이 함수의 사용 예를 보이겠다.

```
>>> class Simple:
        pass     # 빈 클래스를 정의하는 방법

>>> s = Simple()
>>> isinstance(s, Simple)     # s가 Simple 클래스의 객체인가?
True
>>> isinstance([1, 2], list)     # [1, 2]가 list 클래스의 객체인가?
True
```

이렇듯 다음 질문에 답을 하는 것이 isinstance 함수가 제공하는 기능이다. (isinstance의 첫 번째 인자는 객체, 두 번째 인자는 클래스이다.)

  "이 객체는 저 클래스의 객체인가?"

그리고 isinstance는 상속 관계가 있는 다음의 경우에도 True라고 답을 한다.

```
>>> class Fruit:
        pass

>>> class Apple(Fruit):     # Fruit을 상속하는 Apple
        pass

>>> class SuperApple(Apple):      # Apple을 상속하는 SuperApple
        pass

>>> sa = SuperApple()
>>> isinstance(sa, SuperApple)
True
>>> isinstance(sa, Apple)
True
>>> isinstance(sa, Fruit)
True
```

위의 예에서 SuperApple은 Apple을 상속하고, Apple은 Fruit을 상속한다. 따라서 다음과 같이 정리할 수 있다.

"SuperApple 클래스는 Apple 클래스를 직접 상속한다."

"SuperApple 클래스는 Apple을 상속함으로써 Fruit 클래스를 간접 상속한다."

그런데 간접 상속도 상속이다. 따라서 다음과 같이 말할 수 있다.

"SuperApple 클래스는 Apple 클래스를 상속한다."

"SuperApple 클래스는 Fruit 클래스를 상속한다."

그리고 이와 관련하여 isinstance가 True를 반환하는 경우는 다음과 같다.

  isinstance(o, c)  객체 o가 클래스 c의 객체인 경우 True 반환

  isinstance(o, c)  객체 o가 클래스 c를 직접 혹은 간접 상속하는 경우 True 반환

그래서 위 예제의 isinstance 함수 호출의 결과로 모두 True가 반환되었다.

## [object 클래스]

object라는 이름의 클래스가 있다. 그리고 이 클래스와 관련해서 다음 사실을 알아 두면 파이썬의 클래스를 이해하는 데 도움이 된다.

"파이썬의 모든 클래스는 object 클래스를 직접 혹은 간접 상속한다."

이는 클래스를 정의할 때 object 클래스를 상속하도록 코드를 작성해야 한다는 뜻이 아니다. object 클래스의 상속을 명시하지 않아도 파이썬이 이를 직접 혹은 간접 상속하도록 클래스를 구성한다는 뜻이다. (파이썬 2에서는 직접 object 클래스를 상속하도록 코드를 작성했지만 파이썬 3에서는 이를 명시하지 않아도 된다.) 그럼 실제로 그런지 확인해보자.

```
>>> class Simple:    # 아무것도 상속하지 않으면 object 클래스를 상속하게 된다.
        pass

>>> isinstance(Simple(), object)    # Simple 객체가 object 클래스를 상속하는가?
True
>>> isinstance([1, 2], object)    # 리스트는 object 클래스를 상속하는가?
True
```

하다못해 type 클래스도 object 클래스를 상속한다. 그리고 이러한 사실은 issubclass 함수를 통해서 확인할 수 있는데 다음 예를 통해 이 함수의 사용 방법을 보이겠다. issubclass 함수의 첫 번째 전달인자는 객체가 아니라 클래스이다. 그 점에서 isinstance 함수와 차이가 난다.

```
>>> class A:    # 아무것도 상속하지 않으므로 object 클래스 상속!
        pass

>>> class Z(A):    # Z는 A를 상속한다. 따라서 Z는 object 클래스를 간접 상속!
        pass

>>> issubclass(Z, A)    # Z는 A를 상속하는가?
True
```

이어서 type 클래스가 object 클래스를 상속한다는 사실을 확인하면 다음과 같다.

```
>>> issubclass(type, object)      # type 클래스는 object 클래스를 상속하는가?
True
```

즉 파이썬의 모든 클래스는 object 클래스를 상속하게 되어 있다. 그럼 object 클래스의 내부를 조금 살펴보자. 이 클래스에 담겨 있는 대표 메소드들은 다음과 같다. (아래에서는 실제 출력 결과와 달리 보기 좋게 편집하였다.)

```
>>> dir(object)  # object 클래스에 있는 메소드와 변수들을 보여라.
'__class__', '__delattr__', '__dir__', '__doc__', '__eq__'
'__format__', '__ge__', '__getattribute__', '__gt__'
'__hash__', '__init__', '__init_subclass__', '__le__', '__lt__'
'__ne__', '__new__', '__reduce__', '__reduce_ex__', '__repr__'
'__setattr__', '__sizeof__', '__str__', '__subclasshook__'
```

그런데 이들은 우리가 직접 호출할 일은 거의 없는 메소드들이다. 하지만 이들 중 일부는 간접적으로 종종 호출하게 되는데 이에 대한 설명은 조금 뒤로 미루겠다.

## Story 26

# 스페셜 메소드

## [스페셜 메소드]

이미 Story 05에서 스페셜 메소드에 대해 소개하였다. 그러나 연산자 오버로딩을 하기에 앞에 이에 대해 한 번 더 설명을 하고 클래스에 직접 스페셜 메소드를 정의해 넣어 보고자 한다. 다음과 같은 형태의 이름을 가지면서 파이썬에 의해 호출되는(프로그래머가 그 이름을 직접 명시하여 호출하지 않는) 메소드를 가리켜 '스페셜 메소드(special methods)'라 한다.

    __name__

가장 대표적인 스페셜 메소드로 __init__이 있다. 이는 객체 생성 시 자동으로 호출되는 메소드이다. 그리고 다음은 우리가 호출해 본 경험이 있는(물론 간접적으로) 스페셜 메소드들이다.

    __len__            len 함수가 호출되었을 때 호출됨
    __iter__           iter 함수가 호출되었을 때 호출됨
    __str__            str 함수가 호출되었을 때 호출됨

즉 다음과 같은 형태의 함수 호출은,

```
>>> t = (1, 2, 3)
>>> len(t)                # t.__len__()
3
>>> itr = iter(t)         # itr = t.__iter__()
>>> for i in itr:
        print(i, end = ' ')

1 2 3
>>> s = str(t)            # s = t.__str__()
>>> s
'(1, 2, 3)'
```

실제로는 다음과 같은 형태의 메소드 호출로 이어진다.

```
>>> t = (1, 2, 3)
>>> t.__len__()              # len(t)
3
>>> itr = t.__iter__()       # itr = iter(t)
>>> for i in itr:
        print(i, end = ' ')

1 2 3
>>> s = t.__str__()          # s = str(t)
>>> s
'(1, 2, 3)'
```

이렇듯 직접 그 이름을 명시하지 않고 다른 경로를 통해서 혹은 상황에 따라 자동으로 호출되는 메소드를 가리켜 '스페셜 메소드'라 한다.

## [클래스에 스페셜 메소드 정의하기]

이번에는 클래스에 스페셜 메소드를 직접 넣어보겠다. 다음 예에서는 클래스 Car에 __init__을 포함하여 총 3개의 스페셜 메소드를 채워 넣었다.

```
# car_special.py
class Car:
    def __init__(self, id):
        self.id = id      # 차량 번호
    def __len__(self):
        return len(self.id)    # 차량 번호의 길이 반환됨
    def __str__(self):
        return 'Vehicle number : ' + self.id

def main():
    c = Car("32러5234")
    print(len(c))     # __len__ 메소드가 호출됨
    print(str(c))     # __str__ 메소드가 호출됨

main()
```

```
7
Vehicle number : 32러5234
```

위와 같이 클래스에 직접 스페셜 메소드를 정의해서 넣어 보면 파이썬의 이해도가 그만큼 높아진다. 그리고 그 정도면 스페셜 메소드에 대한 이해로는 충분하다. 그러나 설명을 진행하는 김에 조금(아주 조금) 높은 수준의 스페셜 메소드도 정의해보고자 한다.

## [iterable 객체가 되게끔 하기]

우리는 다음 두 객체를 잘 알고 있다. 만약에 아직도 이 둘이 구분되지 않는다면, 또는 이 둘의 관계를 설명할 수 있는 정도가 되지 않는다면 이 둘에 대한 충분한 학습이 지금 필요하다. 그렇지 않으면 앞으로도 계속 헷갈리기 쉽다.

| | |
|---|---|
| iterable 객체 | iter 함수에 인자로 전달 가능한 객체, 그 결과로 'iterator 객체' 반환 |
| iterator 객체 | next 함수에 인자로 전달 가능한 객체 |

그렇다면 iterable 객체가 되기 위한 조건과 iterator 객체가 되기 위한 조건은 무엇일까? 의외로 단순하다.

| iterable 객체의 조건 | 스페셜 메소드인 __iter__ 가 존재해야 한다. |
|---|---|
| iterator 객체의 조건 | 스페셜 메소드인 __next__ 가 존재해야 한다. |

그럼 앞서 정의한 Car의 객체가 iterable 객체가 되게끔 해보겠다. (다음 예에서 iterable 객체와 관련이 없는 __len__과 __str__ 메소드는 지웠다. 물론 넣어 둬도 된다.)

```python
# car_iterable.py
class Car:
    def __init__(self, id):
        self.id = id
    def __iter__(self):        # 스페셜 메소드
        return iter(self.id)     # 변수 id의 iterator 객체를 반환


def main():
    c = Car("32러5234")
    for i in c:        # Car 객체가 iterable 객체라는 증거
        print(i, end = ' ')


main()
```

```
3 2 러 5 2 3 4
```

위의 예에서는 Car 클래스에 다음 메소드를 넣어 줌으로 인해서 Car의 객체가 iterable 객체가 되도록 하였다.

```python
def __iter__(self):
    return iter(self.id)            # 변수 id의 iterator 객체를 반환
```

위의 메소드가 반환하는 iterator 객체는 self.id의 iterator 객체이다. 따라서 매우 간단한 구현이라 할 수 있다. 그래도 이로 인해 '__iter__ 메소드는 iterator 객체를 반환해야 한다.'는 조건을 만족시켰다. 때문에 car 객체는 iterable 객체이다. 이는 car 객체를 대상으로 for 루프를 구성할 수 있다는 사실로도 확인할 수 있다. (필요하다면 Story 05에서 'for 루프와 iterable 객체'를 주제로 설명한 부분을 참고하자.)

## [iterator 객체가 되게끔 하기]

그렇다면 iterator 객체가 되게끔 하려면 어떻게 해야 할까? 위에서 정리했듯이 다음 스페셜 메소드를 갖고 있으면 된다.

　　__next__ 메소드　　　next 함수 호출 시 불리는 스페셜 메소드

물론 이 메소드를 갖기만 하는 것이 아니라 실제 iterator 객체로 사용할 수 있는 수준으로 메소드가 정의되어야 한다. 즉 다음 두 조건을 기본적으로 만족시켜야 한다.

　　조건 1. 가지고 있는 값을 하나씩 반환한다.

　　조건 2. 더 이상 반환할 값이 없는 경우 StopIteration 예외를 발생시킨다.

그럼 이와 관련해서 다음 예를 보자.

```python
# my_iterator.py
class Coll:       # 저장소 역할을 하는 클래스를 표현한 결과
    def __init__(self, d):
        self.ds = d       # 인자로 전달된 값을 저장한다.
        self.cc = 0       # __next__ 메소드 호출 횟수
    def __next__(self):
        if len(self.ds) <= self.cc:    # 더 이상 반환할 값이 없으면 예외 발생!
            raise StopIteration
        self.cc += 1      # __next__ 호출 횟수 증가
        return self.ds[self.cc - 1]     # 값을 하나씩 반환


def main():
    co = Coll([1, 2, 3, 4, 5])     # 튜플 및 문자열도 전달할 수 있음
    while True:
        try:
            i = next(co)     # iterator 객체를 통해서 하나씩 꺼낸다.
            print(i, end = ' ')
        except StopIteration:     # 더 이상 꺼낼 값이 없으면,
            break     # 이 루프를 탈출한다.


main()
```

```
1 2 3 4 5
```

비록 위의 예제에서 Coll 클래스 객체는 iter 함수 호출이 아닌 다음과 같은 방법으로 생성되었지만

```
co = Coll([1, 2, 3, 4, 5])        # 튜플 및 문자열도 전달할 수 있음
```

그래도 이는 iterator 객체에 해당이 된다. 위의 main 함수에서 보이듯이 next 함수의 인자로 전달이 되어 저장된 값을 하나씩 반환할 뿐 아니라 더 이상 반환할 값이 없으면 StopIteration 예외도 발생시키기 때문이다.


## [iterator 객체이자 iterable 객체가 되게끔 하기]

위에서 iterable 객체도 만들어 봤고 iterator 객체도 만들어 봤다. 그런데 조금 아쉬울 수 있다. 왜냐하면 다음과 같이 동작하는 형태가 아니기 때문이다.

"iterable 객체를 인자로 전달하면서 iter 함수를 호출하면 iterator 객체가 반환된다."

그래서 위와 같이 동작하도록 앞서 정의한 예제를 조금 확장하겠다.

```
# my_iterator2.py
class Coll2:
    def __init__(self, d):
        self.ds = d
    def __next__(self):
        if len(self.ds) <= self.cc:
            raise StopIteration
        self.cc += 1
        return self.ds[self.cc - 1]
    def __iter__(self):        # 이 메소드의 정의가 핵심!
        self.cc = 0         # next 호출 횟수 초기화
        return self          # 이 객체를 그대로 반환함

def main():
    co = Coll2([1, 2, 3, 4, 5])
    for i in co:        # for 루프 진행 과정에서 iter 함수 호출됨
        print(i, end = ' ')
    for i in co:        # for 루프 진행 과정에서 iter 함수 호출됨
        print(i, end = ' ')

main()
```

```
1 2 3 4 5 1 2 3 4 5
```

위 예제에서 관심 있게 봐야 할 메소드는 다음과 같다.

```
    def __iter__(self):
        self.cc = 0         # next 호출 횟수 초기화
        return self         # 이 객체를 그대로 반환함
```

Coll2 객체는 그 자체로 __next__ 메소드를 갖는 iterator 객체이다. 즉 Coll2 객체는 __next__ 메소드를 갖는 iterator 객체이자 동시에 __iter__ 메소드를 갖는 iterable 객체이다. 그래서 Coll2의 __iter__ 메소드는 self를 반환한다. 그리고 self의 반환 결과는 위 클래스 Coll2를 대상으로 다음 코드를 실행해 봄으로써 확인할 수 있다.

```
>>> co = Coll2('hello')
>>> itr = iter(co)
>>> itr is co     # itr과 co은 동일한 객체인가?
True
```

그리고 위의 예제에서 iter 함수가 호출될 때마다 next 함수의 호출 횟수가 0으로 초기화되어 첫 번째 값부터 다시 반환이 이루어지도록 코드를 작성했기 때문에 iter 함수는 몇 번이고 호출할 수 있다. 실제로 위의 예제에서는 다음과 같이 두 개의 for 루프를 구성해서 iter 함수가 두 번 호출되는 환경을 만들었다.

```
def main():
    co = Coll2([1, 2, 3, 4, 5])
    for i in co:       # 이때 co를 대상으로 iter 함수가 한 번 호출됨
        print(i, end = ' ')
    for i in co:       # 이때 co를 대상으로 iter 함수가 또 한 번 호출됨
        print(i, end = ' ')
```

이는 for 루프를 실행할 때 iter 함수가 실제로 호출되는지 확인하기 좋은 기회이기도 하다. 이를 위해 위 예제의 __iter__ 메소드 정의를 다음과 같이 수정해서 실행해보기 바란다.

```
def __iter__(self):
    self.cc = 0
    print('__iter__ 호출됨')        # 이 문장을 추가해보자.
    return self
```

**Story**
**27**

# 연산자 오버로딩

## [연산자 오버로딩 간단히 이해하기]

이번에 소개하는 '연산자 오버로딩'이라는 것을 좋아하지 않는 프로그래머들도 많다. 코드를 이해하기 어렵게 만들고 또 오류가 발생했을 때 그 원인을 찾는데 방해가 되는 부정적 측면이 있기 때문이다. 그러나 파이썬은 연산자 오버로딩에 어느 정도 제한을 둬서 이러한 단점을 최소화하였다. 때문에 부정적으로만 볼 필요는 없다고 생각한다. 무엇보다도 연산자 오버로딩을 알면 그만큼 파이썬을 더 이해하게 된다. 굳이 직접 쓰지 않더라도 말이다. 그럼 먼저 간단한 예제를 통해서 연산자 오버로딩이 무엇인지 설명하겠다. 참고로 이는 연산자 오버로딩의 동작 방식을 보여주는 예제일 뿐이므로 잠시 후에 보다 적절한 형태로 수정이 된다.

```python
# overloading.py
class Account:      # 계좌 클래스
    def __init__(self, aid, abl):
        self.aid = aid      # 계좌 번호
        self.abl = abl      # 계좌 잔액
    def __add__(self, m):   # 입금
        self.abl += m
        print('__add__')
    def __sub__(self, m):   # 출금
        self.abl -= m
        print('__sub__')
    def __call__(self):     # 계좌 상황을 문자열로 반환
        print('__call__')
        return str(self.aid) + ':' + str(self.abl)

def main():
    acnt = Account('James01', 100)      # 계좌 개설
    acnt + 100      # 100원 입금, __add__ 호출로 이어짐
    acnt - 50       # 50원 출금, __sub__ 호출로 이어짐
    print(acnt())   # 계좌 정보 확인, __call__ 호출로 이어짐

main()
```

```
__add__
__sub__
__call__
James01:150
```

위 예제의 실행 결과를 통해 알 수 있는 메소드의 호출 관계를 정리하면 다음과 같다. (이렇게 +와 같은 연산을 진행했을 때 이를 대신해서 미리 약속해 놓은 메소드가 호출되도록 하는 것이 연산자 오버로딩이다.)

```
acnt + 100    ⇒    acnt.__add__(100)

acnt - 50     ⇒    acnt.__sub__(50)

acnt()        ⇒    acnt.__call__()
```

즉 파이썬에 의해 acnt + 100은 __add__의 호출로 이어졌는데 이를 가리켜 '연산자 오버로딩'이라 한다. 물론 이러한 '연산자와 호출되는 메소드의 관계'는 약속되어 있고(이미 정해져 있고) 그 약속을 기반으로 위의 예제를 작성한 것이다. 그리고 위의 예제에서 조금 특이한 것이 ()에 대한 오버로딩이다. 이렇듯 ()을 오버로딩하면 객체를 함수처럼 사용할 수 있다.


## [적절한 형태로 +와 - 연산자 오버로딩]

위의 예제에서는 은행의 계좌 정보를 의미하는 Account 클래스를 대상으로 +와 - 연산자를 오버로딩 하였다. 그런데 이는 문법적으로는 문제가 없지만 논리적으로는 문제가 되는데 그 이유는 다음 예를 통해서 설명하겠다.

```
>>> n1 = 3
>>> n2 = 5
>>> n1 + n2      # + 결과로 새로운 정수 만들어짐, n1과 n2는 그대로임
8
>>> s1 = 'Y'
>>> s2 = 'oon'
>>> s1 + s2      # + 결과로 새로운 문자열 만들어짐, s1과 s2는 그대로임
'Yoon'
```

위의 예에서 보이듯이 '새로운 값이 만들어지는 것'이 + 연산의 결과이다. 그런데 앞서 보인 예제에서는 그렇게 오버로딩 하지 않았다. 다음과 같이 + 연산을 하는 경우 acnt에 저장된 객체의 값이 100 증가하도록 오버로딩이 되어 있었다.

```
acnt + 100
```

그래서 이 예제는 잠시 후에 수정할 계획이다. 대신에 + 연산자를 적절히 오버로딩한 예를 다음과 같이 보이겠다.

```python
# vector_add.py
class Vector:    # 벡터를 표현한 클래스
    def __init__(self, x, y):
        self.x = x    # 벡터의 x 방향 값
        self.y = y    # 벡터의 y 방향 값
    def __add__(self, o):    # 벡터의 덧셈 연산
        return Vector(self.x + o.x, self.y + o.y)    # 새로운 객체 생성 및 반환
    def __call__(self):    # 벡터 정보를 문자열로 반환
        return 'Vector({0}, {1})'.format(self.x, self.y)

def main():
    v1 = Vector(3, 3)
    v2 = Vector(7, 7)
    v3 = v1 + v2    # 새로운 Vector 객체 생성되어 v3에 저장
    print(v1())    # __call__ 호출 결과로 반환되는 문자열 출력
    print(v2())    # __call__ 호출 결과로 반환되는 문자열 출력
    print(v3())    # __call__ 호출 결과로 반환되는 문자열 출력

main()
```

```
Vector(3, 3)
Vector(7, 7)
Vector(10, 10)
```

위의 예에서는 벡터를 표현한 클래스를 정의하였다. 그러나 벡터를 알아야 이해할 수 있는 예제는 아니다. 그냥 Vector 클래스를 x, y 두 개의 값으로 이뤄진 클래스라고 생각하고 다음 문장에서,

```
v3 = v1 + v2        # 새로운 Vector 객체 생성
```

v1과 v2의 덧셈 결과로 다음과 같은 일이 일어났다는 사실만 확인하고 넘어가도 된다.

"v1과 v2의 x, y 값을 각각 더한 결과가 담긴 새로운 Vector 객체가 생성되었다."

이렇듯 연산자가 가지고 있는 기본적인 기능 및 결과를 유지하는 형태로 오버로딩 해야 한다. 예를 들어서 * 연산자를 오버로딩 한다면 내부적으로 곱셈과 관련된 일을 하고 또 그 결과를 반환하도록 오버로딩해야 한다.

## [메소드 __str__의 정의]

앞서 보인 예제에서는 Vector 객체가 갖고 있는 정보의 출력을 위해서 __call__ 메소드를 정의하였다. 그런데 이런 정도의 목적이라면(객체가 갖는 정보를 단순히 눈으로 확인하는 정도의 목적이라면) 다음 메소드를 정의하는 것이 더 옳은 결정이다.

```
__str__
```

이 메소드는 문자열을 반환하도록 정의해야 한다. 그리고 그 문자열은 해당 객체의 정보를 담고 있어야 한다. __str__은 바로 그런 목적으로 존재하는 메소드이기 때문이다. 잠시 다음 예를 보자.

```
>>> class Simple:
        def __init__(self, i):
            self.i = i

>>> s = Simple(10)       # 10이 저장된 Simple 객체 생성
>>> print(s)
<__main__.Simple object at 0x035CDB70>
>>> s.__str__()          # object 클래스의 __str__ 메소드 호출
'<__main__.Simple object at 0x035CDB70>'
```

위의 예에서 보이듯이, print 함수를 호출하면서 s를 전달하면 다음과 같이 클래스 이름과 더불어 해당 객체가 저장된 위치(주소) 정보가 출력된다. 그리고 이는 __str__ 메소드 호출로 반환된 문자열 정보이다. (object 클래스의 __str__ 메소드가 호출된 것이다.)

```
<__main__.Simple object at 0x035CDB70>
```

그런데 보편적으로 위의 정보는 필요하지 않다. 그래서 다음과 같이 이 메소드를 오버라이딩 하는 것이 이 메소드를 더 쓸모 있게 만드는 일이다. 물론 필요한 경우에 한해서 말이다. (필요하지도 않은데도 이 메소드를 오버라이딩 하라는 뜻은 아니다.)

```python
>>> class Simple:
        def __init__(self, i):
            self.i = i
        def __str__(self):
            return 'Simple({0})'.format(self.i)  # 'Simple(20)' 형태의 문자열 생성 및 반환

>>> s = Simple(20)
>>> print(s)      # __str__ 메소드가 반환하는 문자열 출력
Simple(20)
```

자! 그럼 앞서 보였던 Vector 클래스를 적절한 형태로 수정해보자.

```
# vector_str.py
class Vector:
    def __init__(self, x, y):
        self.x = x
        self.y = y
    def __add__(self, o):     # 벡터의 덧셈 연산
        return Vector(self.x + o.x, self.y + o.y)
    def __str__(self):      # 벡터 정보를 문자열로 반환
        return 'Vector({0}, {1})'.format(self.x, self.y)

def main():
    v1 = Vector(3, 3)
    v2 = Vector(7, 7)
    v3 = v1 + v2
    print(v1)      # __str__ 호출 결과로 반환되는 문자열 출력
    print(v2)      # __str__ 호출 결과로 반환되는 문자열 출력
    print(v3)      # __str__ 호출 결과로 반환되는 문자열 출력

main()
```

```
Vector(3, 3)
Vector(7, 7)
Vector(10, 10)
```

## [in-place 형태의 연산자 오버로딩]

앞서 정의한 Vector 클래스의 객체를 대상으로 += 연산을 했을 때의 결과가 어떠한지 다음 예제를 통해서 보이겠나.

```python
# vector_inp1.py
class Vector:
    def __init__(self, x, y):
        self.x = x
        self.y = y
    def __add__(self, o):      # 벡터의 덧셈 연산
        return Vector(self.x + o.x, self.y + o.y)
    def __str__(self):         # 벡터 정보를 문자열로 반환
        return 'Vector({0}, {1})'.format(self.x, self.y)

def main():
    v1 = Vector(2, 2)
    v2 = Vector(7, 7)
    print(v1, id(v1))     # v1과 v1에 저장된 객체의 주소 정보 출력
    v1 += v2       # v1 = v1.__add__(v2)
    print(v1, id(v1))     # v1과 v1에 저장된 객체의 주소 정보 출력

main()
```

```
Vector(2, 2) 51761616
Vector(9, 9) 54451088
```

위 예제의 다음 문장은,

    v1 += v2

다음과 같이 해석되어 결국 __add__ 메소드의 호출로 이어진다.

    v1 += v2    ⇒    v1 = v1 + v2    ⇒    v1 = v1.__add__(v2)

따라서 += 연산 후에 v1에는 다른 객체가 저장된다. (실행 결과에서 출력되고 있는 주솟값을 확인하
자.) 그리고 이는 파이썬 관점에서 문제가 되지 않는다. 다음 예에서 보이듯이 정수를 담고 있는 변수
를 대상으로도 이와 동일한 형태의 결과를 보이기 때문이다.

```
>>> n = 5
>>> id(n)     # 5가 저장된 위치
1443678480
>>> n += 1
>>> id(n)     # += 연산 이후에 달라진 위치
1443678496
```

하지만 이는 정수와 문자열이 수정 불가능한 'immutable 객체'이기 때문에 보인 결과이다. 다음과 같이 수정이 가능한 'mutable 객체'를 대상으로 += 연산을 해보면 얘기가 달라진다.

```
>>> n = [1, 2]
>>> id(n)     # 리스트 [1, 2]가 저장된 위치
930120
>>> n += [3]
>>> id(n)     # += 연산 후에도 위치가 달라지지 않았다.
930120
```

그렇다면 앞서 정의한 Vector 클래스의 객체는 어떤 성격의 객체인가? 사실 그 성격은 작성하는 프로그램의 내용에 따라서 프로그래머가 결정할 일이다. 만약에 변경 불가능한 객체의 성격으로 두고자 한다면 앞서 정의해 놓은 결과에 만족하면 된다. 그러나 변경 가능한 객체의 성격으로 만들고자 한다면 += 연산의 결과가 달라져야 한다. 그리고 이러한 때에는 다음과 같이 + 연산자와 += 연산자를 구분해서 오버로딩 하면 된다.

  __add__      + 연산에 대한 오버로딩

  __iadd__      += 연산에 대한 오버로딩

그럼 Account 클래스에 __iadd__ 메소드를 추가해서 += 연산자도 별도로 오버로딩 해보겠다.

```
# vector_inp2.py
class Vector:
    def __init__(self, x, y):
        self.x = x
        self.y = y
    def __add__(self, o):    # 벡터의 + 연산
        return Vector(self.x + o.x, self.y + o.y)    # 새로운 객체 생성 및 반환
    def __iadd__(self, o):    # 벡터의 += 연산
        self.x += o.x
        self.y += o.y
        return self          # v1 += v2의 연산 결과로 v1을 반환, 꼭 넣어줘야 함
    def __str__(self):       # 벡터 정보를 문자열로 반환
        return 'Vector({0}, {1})'.format(self.x, self.y)

def main():
    v1 = Vector(2, 2)
    v2 = Vector(7, 7)
    print(v1, id(v1))    # v1과 v1에 저장된 객체의 주소 정보 출력
    v1 += v2    # v1 = v1.__iadd__(v2)
    print(v1, id(v1))    # v1과 v1에 저장된 객체의 주소 정보 출력

main()
```

```
Vector(2, 2) 52023728
Vector(9, 9) 52023728
```

지금까지 설명한 내용을 정리하면 이렇다. __iadd__ 메소드를 정의하지 않고 __add__ 메소드만 정의하면 + 연산과 += 연산 모두에 있어서 이 메소드가 호출된다. 그러나 __iadd__ 메소드를 추가로 정의하면 + 연산시에는 __add__ 메소드가 호출되고 += 연산시에는 __iadd__ 메소드가 호출된다. 그럼 위 예제의 __iadd__ 메소드 정의를 보자.

```
def __iadd__(self, o):        # 벡터의 += 연산
    self.x += o.x
    self.y += o.y
    return self        # v1 += v2의 연산 결과로 v1을 반환, 꼭 넣어줘야 함
```

+=이나 -=과 같은 연산자들을 가리켜 'in-place 연산자'라 한다. 그리고 이들 in-place 연산자를 오버로딩 할 때에는 위에서 보이듯이 반드시 self를 반환해야 한다. 왜냐하면 파이썬은 += 연산을 다음과 같이 처리하기 때문이다.

v1 += v2      ⇒      v1 = v1.__iadd__(v2)

따라서 self를 반환하지 않으면 연산은 잘 해놓고 v1은 텅 비는 상태가 될 수 있다.


## [Account 클래스 수정하기]

이제 처음 소개했던 Account 클래스를 다시 볼 차례이다. 일단 Account 클래스의 경우 고객의 계좌 정보를 뜻하는 것이므로 다음과 같이 판단할 수 있다.

+ 와 - 연산보다 +=과 -= 연산이 더 어울린다.

+= 연산은 계좌 잔액이 증가하는 입금 연산에 어울린다.

-= 연산은 계좌 잔액이 감소하는 출금 연산에 어울린다.

그리고 이 판단을 근거로 Account 클래스를 수정한 결과는 다음과 같다.

```
# account.py
class Account:     # 계좌 클래스
    def __init__(self, aid, abl):
        self.aid = aid     # 계좌 번호
        self.abl = abl     # 계좌 잔액
    def __iadd__(self, m):     # 입금, += 연산에 대한 오버로딩
        self.abl += m
        return self
    def __isub__(self, m):     # 출금, -= 연산에 대한 오버로딩
        self.abl -= m
        return self
    def __str__(self):     # 계좌 상황을 문자열로 반환
        return '{0}, {1}'.format(self.aid, self.abl)

def main():
    acnt = Account('James01', 100)     # 계좌 개설
    acnt += 130     # 130원 입금
    print(acnt)
    acnt -= 50     # 50원 출금
    print(acnt)

main()
```

```
James01, 230
James01, 180
```

이로써 연산자 오버로딩에 대한 이해를 도왔다. 이외에도 다양한 연산자들에 대해 오버로딩이 가능한데 그 규칙만 파이썬 문서를 통해서 확인하면(어떠한 연산자가 어떠한 메소드 호출로 이어지는지에 대한 규칙) 필요에 따라 원하는 연산자를 적절히 오버로딩 할 수 있을 것이다. 지금까지 설명한 내용을 잘 이해했다면 말이다.

## Story 28 정보은닉과 __dict__

### [속성 감추기]

다음 예제에 존재하는 문제점을 찾아보자. 이 예제에 문법적인 오류는 없지만 코드를 작성한 사람의 실수가 존재한다.

```python
# person.py
class Person:
    def __init__(self, n, a):
        self.name = n      # 이름 정보
        self.age = a       # 나이 정보
    def __str__(self):
        return '{0}: {1}'.format(self.name, self.age)

def main():
    p = Person('James', 22)      # 22살의 James
    print(p)
    p.age -= 1        # 나이 한 살 더 먹어서 넣은 문장, 실수가 있는 문장
    print(p)

main()
```

```
James: 22
James: 21
```

위 예제에는 다음 문장이 있다.

```
p.age -= 1        # 나이 한 살 더 먹어서 넣은 문장
```

이는 +=을 대신해서 −=을 입력한 프로그래머의 실수가 있는 문장으로 다음과 같이 수정해야 한다.

```
p.age += 1
```

코드를 작성하는 것은 사람이므로 이러한 형태의 오류는 쉽게 발생할 수 있다. 그러나 문법적 오류가 아니기 때문에 발견은 쉽게 되지 않는다. 그렇다면 이러한 형태의 오류가 발생한 근본적인 이유는 무엇일까?

"객체 외부에서 객체 내에 있는 변수(속성)에 직접 접근하도록 내버려 두었다."

다음 예제에서 보이듯이 나이 정보를 증가시키는 도구(메소드)를 제공하였다면, 나이를 거꾸로 먹는 실수는 하지 않았을 것이다.

```python
# person2.py
class Person:
    def __init__(self, n, a):
        self.name = n        # 이름 정보
        self.age = a        # 나이 정보
    def add_age(self, a):
        if(a < 0):        # 입력에 오류가 있다면,
            print('나이 정보 오류')
        else:        # 입력이 정상적이라면,
            self.age += a
    def __str__(self):
        return '{0}: {1}'.format(self.name, self.age)

def main():
    p = Person('James', 22)        # 22살의 James
    p.add_age(1)
    print(p)

main()
```

```
James: 23
```

위의 예제에서는 다음 메소드를 제공함으로써 잘못된 값의 전달이 객체에 영향을 미치지 않도록 했고, 더불어 오류 메시지를 출력해줌으로써 어디서 어떠한 문제가 발생했는지 알 수 있게 도왔다.

```python
def add_age(self, a):
    if(a < 0):          # 입력에 오류가 있다면,
        print('나이 정보 오류')
    else:               # 입력이 정상적이라면,
        self.age += a
```

하지만 위의 메소드를 제공했다고 해서 다음과 같이 접근하는 것이 불가능한 것은 아니다. 따라서 여전히 이런 유형의 오류가 발생할 수 있는 가능성은 존재한다.

```python
p.age -= 1
```

만약에 위의 문장과 같은 형태의 접근을 원천적으로 봉쇄하고 싶다면 예제를 다음과 같이 수정하면 된다.

```python
# person3.py
class Person:
    def __init__(self, n, a):
        self.__name = n      # 이름 정보
        self.__age = a       # 나이 정보
    def add_age(self, a):
        if(a < 0):
            print('나이 정보 오류')
        else:
            self.__age += a
    def __str__(self):
        return '{0}: {1}'.format(self.__name, self.__age)

def main():
    p = Person('James', 22)       # 22살의 James
    # p.__age += 1        # 이 문장 실행하면 오류 발생함
    p.add_age(1)
    print(p)

main()
```

```
James: 23
```

위 예제와 이전 예제의 유일한 차이점은 Person 클래스의 변수(속성) 이름을 다음과 같이 바꾼 것이다.

    name         ⇒        __name

    age           ⇒        __age

이렇듯 변수 이름 앞에 언더바를 두 개 이어서 붙여주면 다음과 같이 접근하는 것이 불가능 해진다.

```
p.__age += 1        # 이 문장 실행하면 오류 발생함
```

때문에 이제는 add_age 메소드를 통해서만 나이 정보를 수정할 수 있게 되어 앞서 언급했던 형태의 오류는 걱정하지 않아도 된다. 그런데 지금 소개한 내용을 보면서 다음과 같은 생각을 할 수도 있다.

    "프로그래머가 메소드만 이용해서 객체 내에 있는 변수에 접근하면 되는 것 아니야?"

다시 말해서 굳이 언더바를 두 개씩이나 붙여가면서 외부 접근을 강제로 막을 필요가 있냐는 것이다. 이는 객체 내 변수(속성)에 직접 접근하지 않으면 되는 간단한 문제로 바라보는 것이다. 그래서 파이썬에는 다음 규칙이(약속이) 존재한다.

    "객체 내 변수(속성) 이름 앞에 언더바를 하나만 붙이면 이 변수에 직접 접근하기 없다!"

    "언더바 하나가 앞에 붙어있는 변수에 직접 접근하면 그건 약속을 어긴 거야!"

이 규칙을 근거로 위 예제를 수정한 결과는 다음과 같다.

```
# person4.py
class Person:
    def __init__(self, n, a):
        self._name = n      # 이름 정보
        self._age = a       # 나이 정보
    def add_age(self, a):
        if(a < 0):
            print('나이 정보 오류')
        else:
            self._age += a
    def __str__(self):
        return '{0}: {1}'.format(self._name, self._age)

def main():
    p = Person('James', 22)      # 22살의 James
    # p._age += 1      # 이렇게 안 쓰기로 약속했다.
    p.add_age(1)
    print(p)

main()
```

```
James: 23
```

위의 예제에서 보인 바와 같이 언더바를 하나 추가해서 변수의 이름을 결정하는 방법이 조금 더 보편적
으로 사용된다. 그러나 절대적으로 이 방법만 쓰는 것은 아니다. 따라서 언더바가 하나 붙은 경우와 두
개 붙은 경우에 대한 이해를 모두 갖춰야 한다.

## [__dict__]

객체 내에는 해당 객체의 변수 정보를(속성 정보를) 담고 있는 딕셔너리가 하나 존재하는데, 다음 예제
를 통해서 그 정보에 접근하는 방법을 보이겠다.

```
# person_dict.py
class Person:
    def __init__(self, n, a):
        self._name = n     # 이름 정보
        self._age = a      # 나이 정보


def main():
    p = Person('James', 22)     # 22살의 James
    print(p.__dict__)       # 객체 내에 있는 딕셔너리 정보 출력


main()
```

{'_name': 'James', '_age': 22}

위의 실행 결과를 통해 알 수 있는 사실 두 가지는 다음과 같다.

"객체 내에는 __dict__ 이 있으며 이는 딕셔너리이다."

"__dict__ 에는 해당 객체의 변수 정보가 담긴다."

즉 다음 출력 결과를 통해서,

{'_name': 'James', '_age': 22}

다음 두 가지 사실을 알 수 있다.

"객체 내에 변수 _name이 있는데, 현재 그 안에는 'James'이 담겨있다."

"객체 내에 변수 _age가 있는데, 현재 그 안에는 22가 담겨있다."

다음 예에서 보이듯이 객체에 변수가 추가되면(또는 변수의 값이 바뀌면) __dict__ 에도 그 정보가 반영된다.

```python
# person_dict2.py
class Person:
    def __init__(self, n, a):
        self._name = n     # 이름 정보
        self._age = a      # 나이 정보

def main():
    p = Person('James', 22)        # 22살의 James
    print(p.__dict__)
    p.len = 178      # len이라는 변수를 객체에 추가
    p.adr = 'Korea'        # adr이라는 변수를 객체에 추가
    print(p.__dict__)

main()
```

```
{'_name': 'James', '_age': 22}
{'_name': 'James', '_age': 22, 'len': 178, 'adr': 'Korea'}
```

그리고 __dict__의 정보를 수정함으로써 객체 내 변수의 값을 수정할 수도 있는데, 다음 예를 통해서 이러한 사실을 간단히 보이겠다.

```
# prt_dict.py
class Simple:
    def __init__(self, n, s):
        self._n = n        # 단순 정수
        self._s = s        # 단순 문자열
    def __str__(self):
        return '{0}: {1}'.format(self._n, self._s)

def main():
    sp = Simple(10, 'my')
    print(sp)        # __dict__ 변경 전 출력 결과
    sp.__dict__['_n'] += 10        # __dict__에 접근해서 값을 변경
    sp.__dict__['_s'] = 'your'   # __dict__에 접근해서 값을 변경
    print(sp)        # __dict__ 변경 후 출력 결과

main()
```

```
10: my
20: your
```

위의 예제를 통해서 다음 사실도 짐작할 수 있다.

"객체 내에 있는 변수의 값은 사실 __dict__를 통해서 관리가 되는구나!"

사실 다음 두 문장은 완전히 동일하다. 그리고 이러한 사실도 파이썬의 이해도를 높인다는 측면에서 알아 두는 것이 좋다.

```
sp._n += 10          # 객체 내 변수의 값을 수정하는 일반적인 방법

sp.__dict__['_n'] += 10        # __dict__에 접근해서 객체 내 변수의 값을 수정하는 방법
```

그럼 이번에는 변수의 이름 앞에 언더바를 하나 더 붙여서(합해서 두 개) __dict__의 정보를 출력하고자 한다. 이를 통해 알게 되는 중요한 사실이 하나 있기 때문이다.

```
# person_dict3.py
class Person:
    def __init__(self, n, a):
        self.__name = n     # 이름 정보
        self.__age = a      # 나이 정보

def main():
    p = Person('James', 22)      # 22살의 James
    print(p.__dict__)

main()
```

{'_Person__name': 'James', '_Person__age': 22}

위의 실행 결과를 통해서 __dict__에 등록된 속성의 이름이 다음과 같은 패턴으로 수정되었음을 알 수 있다.

|  |  |  |  |
|---|---|---|---|
| 패턴 | __AttrName | ⇒ | _ClassName__AttrName |
| 적용 | __name | ⇒ | _Person__name |
|  | __age | ⇒ | _Person__age |

즉 변수 이름에 언더바를 두 개 붙이면 파이썬은 위의 패턴대로 이름을 바꾸어 버린다. (물론 객체 내에서는 바뀌기 이전의 이름으로 접근 가능하다.) 그래서 객체 외부에서 접근이 불가능했던 것이다. 따라서 변수 이름에 언더바를 두 개 붙이더라도 바뀐 이름으로 접근한다면 그 접근까지 막지는 못한다.

Story
29

# __slots__의 효과

## [__dict__의 단점과 그 해결책]

앞서 설명했듯이 파이썬은 __dict__의 이름으로 객체 하나당 하나씩 딕셔너리를 할당한다. 그런데 딕셔너리는 리스트나 튜플에 비해서 메모리 사용량이 많다. '키'를 이용해서 '값'을 바로 얻을 수 있도록 하기 위해서 파이썬이 더 많은 정보를 유지하기 때문이다. 따라서 많은 수의 객체를 생성해야 하는 경우에는 객체 하나당 하나씩 존재하는 __dict__의 존재가 부담이 된다. 이와 관련해서 다음 예를 보자.

```python
# point_3d.py
class Point3D:
    def __init__(self, x, y, z):
        self.x = x        # x 좌표
        self.y = y        # y 좌표
        self.z = z        # z 좌표
    def __str__(self):
        return '({0}, {1}, {2})'.format(self.x, self.y, self.z) # 좌표 정보 출력

def main():
    p1 = Point3D(1, 1, 1)     # 3차원 좌표상 한 점
    p2 = Point3D(24, 17, 31)      # 3차원 좌표상 한 점
    print(p1)
    print(p2)

main()
```

```
(1, 1, 1)
(24, 17, 31)
```

위의 예에서는 3차원 좌표상에서의 한 점을 표현하기 위한 클래스 Point3D가 정의되었다. 만약에 3차원 좌표상에 위치한 어떤 사물의 모습이나 형태를 세세히 표현하고자 한다면 이 클래스의 객체가 수백 개에서 수천 개는 족히 필요할 것이다. 그리고 이는 수천 개에 이르는 딕셔너리의 생성으로 이어지게 되어 시스템에 부담이 된다. 그래서 이러한 부담을 줄이기 위해 __slots__라는 것을 사용하게 된다. 다음은 위 예제를 __slots__을 사용하는 형태로 수정한 결과이다.

```python
# point_slots.py
class Point3D:
    __slots__ = ('x', 'y', 'z')      # 속성을(변수를) x, y, z로 제한한다!

    def __init__(self, x, y, z):
        self.x = x          # x 좌표
        self.y = y          # y 좌표
        self.z = z          # z 좌표
    def __str__(self):
        return '({0}, {1}, {2})'.format(self.x, self.y, self.z)

def main():
    p1 = Point3D(1, 1, 1)        # 3차원 좌표상 한 점
    p2 = Point3D(24, 17, 31)       # 3차원 좌표상 한 점
    print(p1)
    print(p2)

main()
```

```
(1, 1, 1)
(24, 17, 31)
```

위 예제에서 클래스 안에 있는 다음 문상이 의미아는 바는,

```python
__slots__ = ('x', 'y', 'z')
```

다음과 같다.

"이 클래스를 기반으로 생성한 객체의 변수는 x, y, z로 제한한다."

즉 이 문장을 삽입함으로 인해서 x, y, z 이외에 다음과 같이 객체에 변수를 추가하는 것은 불가능하다.

```
def main():
    p1 = Point3D(1, 1, 1)
    p1.w = 30        # w는 __slots__에 명시되어 있지 않은 이름이므로 오류!
    . . . .
```

그리고 이렇게 __slots__를 통해서 변수의 수와 이름을 제한하면 객체별로 __dict__이 생기지 않는 다. 그렇다고 해서 객체별로 __slots__을 하나씩 갖는 것도 아니다. 클래스당 하나의 __slots__만 생 성된다. 그러니 상황에 따라서 매우 큰 메모리상의 이득을 볼 수 있다.


## [__dict__이 있을 때와 __slots__가 있을 때의 속도 차이]

__slots__가 존재하는 경우 객체 내에 있는 변수에 접근하는 데 있어서 속도 상의 이점도 얻을 수 있 다. 이와 관련해서 다음 예를 보자.

```
# point_3dict.py
class Point3D:
    def __init__(self, x, y, z):
        self.x = x        # x 좌표
        self.y = y        # y 좌표
        self.z = z        # z 좌표
    def __str__(self):
        return '({0}, {1}, {2})'.format(self.x, self.y, self.z)

def main():
    p = Point3D(24, 17, 31)    # 3차원 좌표상 한 점
    print(p.x, p.y, p.z)
    print(p.__dict__['x'], p.__dict__['y'], p.__dict__['z'])

main()
```

```
24 17 31
24 17 31
```

위 예제에서 보이는 바와 같이 __dict__이 존재하는 객체를 대상으로 객체에 속한 변수에 접근하는 다음 코드는,

```
print(p.x, p.y, p.z)
```

다음과 같이 처리가 된다.

```
print(p.__dict__['x'], p.__dict__['y'], p.__dict__['z'])
```

즉 객체 내 변수에 접근하는 경우 변수에 바로 접근하는 것이 아니라 __dict__에 키를 전달하고 그 값을 얻는 형태로 처리가 된다.

| | | |
|---|---|---|
| p.x | ⇒ | p.__dict__['x'] |
| p.y | ⇒ | p.__dict__['y'] |
| p.z | ⇒ | p.__dict__['z'] |

하지만 __slots__을 넣게 되면 딕셔너리를 거치지 않고 바로 접근이 이뤄진다. 따라서 그에 따른 속도 향상도 기대할 수 있다. 그럼 한번 확인해보자. 파이썬의 시간 측정은 timeit 모듈을 이용해서 다음과 같은 구성으로 진행할 수 있다.

```
import timeit
start = timeit.default_timer()    # 시작
# 실행 속도를 측정하고자 하는 내용을 여기에 담음
stop = timeit.default_timer()     # 끝
print(stop - start)       # 걸린 시간 확인
```

그럼 위의 코드 구성을 기반으로 __slots__이 없을 때의 실행 속도를 확인해보자.

```
# speed_dict.py
import timeit      # 시간 측정을 위한 모듈
class Point3D:
    def __init__(self, x, y, z):
        self.x = x        # x 좌표
        self.y = y        # y 좌표
        self.z = z        # z 좌표
    def __str__(self):
        return '({0}, {1}, {2})'.format(self.x, self.y, self.z)

def main():
    start = timeit.default_timer()
    p = Point3D(1, 1, 1)

    for i in range(3000):
        for i in range(3000):
            p.x += 1
            p.y += 1
            p.z += 1
    print(p)

    stop = timeit.default_timer()
    print(stop - start)      # 실행에 걸린 속도 계산 및 출력

main()
```

```
(9000001, 9000001, 9000001)
4.1482692
```

이어서 __slots__이 있을 때의 실행 속도를 확인해보자. 이를 위해서는 위 예제에 __slots__ 선언에 해당하는 다음 문장만 넣어 주면 된다.

```
__slots__ = ('x', 'y', 'z')
```

따라서 아래 코드에서 반복되는 부분은 생략하였다.

```python
# speed_slots.py
import timeit
class Point3D:
    __slots__ = ('x', 'y', 'z')    # 이 문장을 삽입하는 부분에서만 차이가 있다.
    # 나머지 코드는 이전 예제와 완전히 동일하므로 생략
    ....
```

```
(9000001, 9000001, 9000001)
3.4330227
```

출력 결과의 단순한 숫자 비교를 통해서 __slots__이 있을 때 더 적은 시간이 걸렸음을 확인할 수 있다.

Story
30
# 프로퍼티

## [안전하게 접근하기]

객체가 갖는 값에 직접 접근하는 것은 오류의 확률을 높이므로 메소드를 통해 접근하는 것이 안전하다는 설명을 앞서 한 바 있다. 이를테면 다음과 같이 클래스를 정의하는 것이다.

```python
# natural.py
class Natural:    # 자연수 표현한 클래스, 따라서 이 객체에는 1 이상만 저장되어야 함
    def __init__(self, n):
        if(n < 1):    # 1 미만의 값이 들어오면,
            self.__n = 1    # 1을 기본값으로 저장
        else:
            self.__n = n
    def getn(self):    # 저장된 값 꺼내기
        return self.__n
    def setn(self, n):    # 저장된 값 수정하기
        if(n < 1):    # 1 미만의 값이 들어오면,
            self.__n = 1    # 1을 기본값으로 저장
        else:
            self.__n = n

def main():
    n = Natural(-3)    # 이 경우 -3 대신 1이 저장된다.
    print(n.getn())
    n.setn(2)
    print(n.getn())

main()
```

```
1
2
```

위 예제에서는 변수에 언더바를 두 개 붙여서 외부로의 접근을 막고 대신에 다음 두 메소드를 통해서
값을 저장 및 참조하도록 하였다.

| | |
|---|---|
| getn | 값 꺼내기, 이러한 성격의 메소드를 '게터(getter)'라 한다. |
| setn | 값 수정하기, 이러한 성격의 메소드를 '세터(setter)'라 한다. |

즉 위의 두 메소드를 통한 접근만을 허용해서 1 미만의 값은 절대 저장되지 않도록 안전성을 확보하였
다. 그런데 다음 예에서 보이듯이 이렇게 클래스를 정의하면 잦은 메소드 호출로 인해 코드가 복잡해
보일 수 있다

```python
# natural2.py
class Natural:        # 자연수를 표현한 클래스
    def __init__(self, n):
        self.setn(n)        # 아래에 있는 setn 메소드 호출로 중복된 코드를 대신했다.
    def getn(self):
        return self.__n
    def setn(self, n):
        if(n < 1):
            self.__n = 1
        else:
            self.__n = n

def main():
    n1 = Natural(1)
    n2 = Natural(2)
    n3 = Natural(3)
    n1.setn(n2.getn() + n3.getn())    # 조금 복잡해 보인다.
    print(n1.getn())

main()
```

5

위의 예제에서 불편하게 보이는 문장은 다음과 같다. (참고로 다른 언어를 접한 이들 중에는 이 정도 수
준의 코드를 불편하게 생각하지 않는 경우도 많다.)

```
n1.setn(n2.getn() + n3.getn())
```

위의 문장보다는 다음 문장이 더 좋아 보인다. 동일한 결과를 보이면서 안전성이 그대로 확보가 된다면 말이다.

```
n1.n = n2.n + n3.n
```

물론 이 문장으로 대신하게 하는 방법이 있다. 다음 예제를 통해서 그 방법을 소개하겠다.

```python
# natural3.py
class Natural:       # 자연수를 표현한 클래스
    def __init__(self, n):
        self.setn(n)      # 아래에 있는 setn 메소드 호출
    def getn(self):
        return self.__n
    def setn(self, n):
        if(n < 1):
            self.__n = 1
        else:
            self.__n = n
    n = property(getn, setn)       # 프로퍼티 설정

def main():
    n1 = Natural(1)
    n2 = Natural(2)
    n3 = Natural(3)
    n1.n = n2.n + n3.n          # 간결해진 문장
    print(n1.n)       # 이 문장도 이전에 비해 간결해짐

main()
```

5

위 예제를 이해하기 위해서는 다음 문장이 의미하는 바를 알아야 한다.

```
    n = property(getn, setn)          # 이를 가리켜 '프로퍼티 설정'이라 한다.
```

위의 문장으로 인해 얻게 되는 결과는 다음과 같다.

　"속성(변수) n의 값을 '참조'하는 경우에는 getn을 호출해서 반환되는 값을 전달하겠다."

　"속성(변수) n에 값을 '저장'하는 경우에는 setn을 호출하면서 그 값을 전달하겠다."

즉 프로퍼티 설정 이후에는 다음과 같이 문장이 처리된다.

```
    def main():
        num = Natural(7)
        num.n = 20      ⇒      num.setn(20)
        k = num.n       ⇒      k = num.getn()
        ....
```

때문에 프로퍼티를 설정하면 안전성은 유지되고 더불어 작성하는 문장도 간결해지는 장점이 있다.


## [property]

사실 앞서 예제에서 보인 다음 문장은 'property 객체의 생성'으로 이어진다.

```
    n = property(getn, setn)           # 변수 n에 property 객체 저장
```

즉 property 객체를 생성하면서 getn과 setn 메소드를 등록한 것이다. 그리고 다음 예제에서 보이듯이 property 객체의 생성과 getn 및 setn 메소드의 등록을 별도의 문장에서 각각 진행할 수도 있다.

```
# natural4.py
class Natural:      # 자연수를 표현한 클래스
    def __init__(self, n):
        self.setn(n)      # 아래에 있는 setn 메소드 호출
    n = property()        # property 객체 생성
    def getn(self):
        return self.__n
    n = n.getter(getn)    # 위의 getn 메소드를 게터로 등록
    def setn(self, n):
        if(n < 1):
            self.__n = 1
        else:
            self.__n = n
    n = n.setter(setn)    # 위의 setn 메소드를 세터로 등록

def main():
    n1 = Natural(1)
    n2 = Natural(2)
    n3 = Natural(3)
    n1.n = n2.n + n3.n    # n2와 n3의 덧셈 결과를 n1에 저장
    print(n1.n)

main()
```

5

위 예제의 property 객체 완성 패턴은(과정은) 다음과 같다.

```
n = property()          # property 객체 생성
# 게터로 쓸 getn 메소드 정의가 이 위치에 등장한다.
n = n.getter(getn)      # 게터가 등록된 새 property 객체 생성 및 반환
# 세터로 쓸 setn 메소드 정의가 이 위치에 등장한다.
n = n.setter(setn)      # 세터가 등록된 새 property 객체 생성 및 반환
```

따라서 getter 또는 setter 메소드 호출 시 반환되는 객체를 변수에 저장하는 일을 잊지 말아야 한다. 그리고 위의 패턴은 다음과 같이 둘로 묶을 수도 있다. (property 객체 생성 시 게터 등록, 그리고 후에 세터 등록)

```
# 게터로 쓸 getn 메소드 정의가 이 위치에 먼저 등장한다.
n = property(getn)      # property 객체 생성 및 게터 등록
# 세터로 쓸 setn 메소드 정의가 이 위치에 등장한다.
n = n.setter(setn)      # 세터 등록
```

이렇듯 프로퍼티를 등록하고 나면 사실상 getn이나 setn과 같은 이름은 사용할 이유가 없어진다. 따라서 다음 예제에서 보이듯이 프로퍼티에 등록할 메소드의 이름을 동일하게 두는 경우도 있다.

```
# natural5.py
class Natural:      # 자연수를 표현한 클래스
    def __init__(self, n):
        self.n = n      # 프로퍼티 n을 통해 접근
    n = property()      # property 객체 생성
    def pm(self):
        return self.__n
    n = n.getter(pm)      # 위의 pm을 게터로 등록, 등록했으니 pm이란 이름 불필요
    def pm(self, n):
        if(n < 1):
            self.__n = 1
        else:
            self.__n = n
    n = n.setter(pm)      # 위의 pm을 세터로 등록

def main():
    n1 = Natural(1)
    n2 = Natural(2)
    n3 = Natural(3)
    n1.n = n2.n + n3.n
    print(n1.n)

main()
```

> 5

위 예제에서는 다음과 같이 pm 메소드를 게터로 먼저 등록하였다.

```
def pm(self):
    # pm 메소드의 몸체 부분은 생략합니다.
n = n.getter(pm)      # 위의 pm을 게터로 등록, 등록했으니 pm이란 이름 불필요
```

그리고 더 이상 pm이라는 이름으로 게터에 해당하는 이 메소드를 호출할 필요가 없다면 다음과 같이 다른 메소드에 이 이름을 부여할 수 있다. 물론 이렇게 되면 앞서 정의했던 메소드는 pm이라는 이름으로 호출할 수 없게 된다.

```
def pm(self, n):
    # pm 메소드의 몸체 부분은 생략합니다.
n = n.setter(pm)      # 위의 pm을 세터로 등록
```

그런데 프로퍼티를 설정한 후에는 한 가지 방법으로만 변수에(속성에) 접근하여 혼란을 줄일 필요가 있다. 즉 메소드의 이름을 통해서 변수에 접근하는 일을 피해야 한다. 그래서 위 예제와 같이 프로퍼티에 등록할 세터와 게터의 이름을 동일하게 두는 경우가 매우 흔하다.


## [또 다른 방식]

데코레이터라는 것을 기반으로 프로퍼티를 지정하는 방법도 있다. 이는 앞서 설명한 방법보다 간결하여 추천되는 방식이다. (사실 이어서 설명하는 데코레이터 방식이 더 많이 쓰인다. 근데 앞서 설명한 방식을 알아야 프로퍼티에 대해 더 깊이 이해할 수 있다.)

```
# natural6.py
class Natural:       # 자연수를 표현한 클래스
    def __init__(self, n):
        self.n = n      # 프로퍼티 n을 통해 접근
    @property
    def n(self):
        return self.__n
    @n.setter
    def n(self, n):
        if(n < 1):
            self.__n = 1
        else:
            self.__n = n

def main():
    n1 = Natural(1)
    n2 = Natural(2)
    n3 = Natural(3)
    n1.n = n2.n + n3.n
    print(n1.n)

main()
```

5

데코레이터에 대해서는 이후에 별도로 설명을 한다. 따라서 지금은 다음 두 개의 선언이 의미하는 바만 가볍게 설명하겠다.

```
@property
```

```
@n.setter
```

먼저 다음 부분을 보자.

```
@property
def n(self):
    return self.__n
```

위에서 @property 선언의 결과는 다음과 같다. (파이썬에서는 메소드 이름도 변수이다. 그래서 메소드 이름에 다른 값을 저장하는 것도 가능하다.)

"property 객체를 생성하면서 이어서 등장하는 메소드를 게터로 지정"

"그리고 이렇게 생성된 property 객체를 메소드 이름인 n에 저장"

위와 같은 일을 앞서 소개했던 방식으로 하려면 다음과 같이 해야 한다. 그리고 실제로 아래의 코드를 위의 예제에 대신 넣어도 동일하게 동작한다.

```
def n(self):
    return self.__n
n = property(n)      # 메소드 n을 게터로 지정하면서 property 객체 생성
                     # 그리고 이렇게 생성된 property 객체를 변수 n에 저장
```

이어서 다음 부분을 보자. 이는 n에 저장된 property 객체를 대상으로 세터를 지정하는 내용이다.

```
@n.setter
def n(self, n):
    # 메소드의 몸체 내용은 생략합니다.
```

위에서 @n.setter 선언의 결과는 다음과 같다.

"이어서 등장하는 메소드를 n에 저장된 property 객체의 세터로 등록한다."

"그리고 이렇게 생성된 property 객체를 메소드 이름인 n에 저장"

지금 설명한 내용은 선언과 그 결과를 놓고 이해하는 것이 좋다. 선언 자체를 일종의 약속으로 받아들이는 것도 괜찮다. 물론 이후에 설명하는 '데코레이터'에 대해서 알게 되면 이러한 형태의 선언에 대해 더 깊이 이해하게 된다.

Story
31

# 네스티드 함수와 클로저

## [함수를 만들어서 반환하는 함수]

데코레이터에 대한 설명에 앞서 '함수를 만들어서 반환하는 함수'의 예를 보이겠다. 참고로 파이썬의 함수도 객체이고 때문에 이렇듯 반환이 가능하다는 사실은 앞서 설명한 내용이다.

```
>>> def maker(m):
        def inner(n):      # 함수 안에서 정의된 함수, nested 함수라 한다.
            return m * n
        return inner       # 위에서 정의한 nested 함수 반환

>>> f1 = maker(2)
>>> f2 = maker(3)
>>> f1(7)
14
>>> f2(7)
21
```

위 예제의 다음 문장을 실행함으로 인해,

```
f1 = maker(2)      # 2를 전달했으므로 매개변수 m은 2가 된다.
```

다음 함수가 만들어지고 반환된다. 따라서 f1 함수를 호출하면 다음 함수가 실행된다.

```
def inner(n):
    return 2 * n      # m에 전달된 값이 2이므로 2 * n을 계산해서 반환
```

마찬가지로 위 예제에의 다음 문장을 실행함으로 인해,

```
f2 = maker(3)
```

다음 함수가 만들어지고 반환된다. 따라서 f2 함수를 호출하면 다음 함수가 실행된다.

```
def inner(n):
    return 3 * n      # m에 전달된 값이 3이므로 3 * n을 계산해서 반환
```

위의 예제에서는 '함수를 반환하는 함수'의 예를 보였지만, 파이썬의 함수는 객체이므로 다른 함수를 호출할 때 인자로도 전달이 가능하다.

## [클로저(Closure)]

앞서 보인 예제를 아무 의심 없이 받아들였다면 그것도 괜찮다. 그러나 한가지 짚고 넘어갔으면 하는 내용이 있다. 예제에서 보인 함수를 다시 관찰하자.

```
def maker(m):    # m은 maker 함수 안에서만 존재하는 변수
    def inner(n):
        return m * n     # maker 밖에서도 m이 유효할까?
    return inner
```

여기서 전달인자를 저장하는 변수 m은 maker 함수에서 선언된 변수이다. 때문에 다음과 같은 현상이 벌어진다.

"변수 m은 maker 함수를 벗어나면 사라져버린다."

그런데 inner 함수에는 다음 문장이 존재한다.

```
def inner(n):
    return m * n      # maker 밖에서도 m이 유효할까?
```

그리고 불행히도 이 m의 값을 참조하는 위치는 maker 함수 안이 아니라 다음 문장이 실행되는 maker 함수 밖이다.

```
>>> f1 = maker(2)
>>> f2 = maker(3)
>>> f1(7)        # 실제 변수 m을 참조하게 되는 순간! maker 함수의 밖이다.
14
>>> f2(7)        # 실제 변수 m을 참조하게 되는 순간! maker 함수의 밖이다.
21
```

물론 이렇게 생각하고 넘어갈 수도 있는 문제이다. 다음과 같이 문장이 각각 바뀐 것으로 말이다.

```
return m * n      ⇒        return 2 * n

return m * n      ⇒        return 3 * n
```

하지만 사실은 그렇지 않다. 위 예제에서 f1 그리고 f2 함수를 호출할 때마다 변수 m의 값을 참조하게 된다. 어떻게 그것이 가능한 일일까? 다소 허무하게 들릴 수 있으나 그 비밀은 다음과 같다.

  "예제에서 정의한 inner 함수가 변수 m의 값을 어딘가에 살짝 저장해 놓고 씁니다."

그리고 이렇게 '안쪽에 위치한 네스티드 함수'가 자신이 필요한 변수의 값을 어딘가에 저장해 놓고 쓰는 테크닉을 가리켜 '클로저(closure)'라 한다. (물론 어딘가에 저장해 놓을 때도 그 이름이 그대로 m은 아니다.)


## [저장된 위치 확인하기]

클로저가 무엇인지 알았다. 간단히 말해서 네스티드 함수가 자신이 필요한 변수의 값을 살짝 어딘가에 저장해 놓는 기술이다. 그렇다면 그 위치가 어디일까? 굳이 궁금하지 않다면 그냥 다음과 같이 생각하고 그리고 믿고 넘어가도 된다.

  "뭐 어딘가에 저장해 놓고 쓰겠지, 난 그걸 믿어 의심치 않아!"

그런데 꼭 그 위치를 확인해야 마음이 편할 것 같다면 다음 예를 관찰하자. 그러면 그 위치를 알 수 있다.

```
>>> def maker(m):
        def inner(n):
            return m * n
        return inner

>>> f1 = maker(101)
>>> f2 = maker(75)
>>> f1.__closure__[0].cell_contents    # 변수 m의 값을 저장해 놓은 위치
101
>>> f2.__closure__[0].cell_contents    # 변수 m의 값을 저장해 놓은 위치
75
```

즉 위 예제의 실행 결과를 통해서 maker 함수 안에 존재하는 네스티드 함수 inner가 변수 m의 값을 저장해 놓는 위치는 다음과 같다고 판단할 수 있다. (저장된 위치가 조금 깊다 보니 아래 표현이 깔끔하지는 않다.)

  __closure__ 변수의(속성의) 인덱스 0의 위치에 저장된 객체의 변수(속성)인 cell_contents

이로써 함수 객체 안에 값을 저장해 둔다는 사실을 실제로 확인하였다. 따라서 이후에 클로저라는 표현을 접했을 때 그것이 뜻하는 바가 무엇인지 정도는 설명할 수 있어야 한다. 간단하게라도 말이다.

Story
32

# 데코레이터

## [데코레이터에 대한 이해]

우선 데코레이터(Decorator)의 개념부터 설명하겠다. 데코레이터는 꾸며주는(덧붙여주는) 역할을 하는 함수 또는 클래스를 뜻한다. 이와 관련해서 다음 두 함수를 보자.

```
>>> def smile():      # 웃는 얼굴 출력
        print("^_^")

>>> def confused():        # 혼란스러운 얼굴 출력
        print("@_@")

>>> smile()
^_^
>>> confused()
@_@
```

위의 두 함수는 각각 웃는 얼굴과 혼란스러워 보이는 얼굴을 출력한다. 그런데 여기에 다음과 같이 위와 아래에 이모티콘임을 알리는 단어의 출력이 더해지기를 원한다고 가정해보자.

```
emoticon!          emoticon!

^_^                @_@

emoticon!          emoticon!
```

이때 두 함수 smile과 confused가 위와 같이 출력하도록 변신시켜주는(기능을 추가해주는) 함수가 바로 '데코레이터 함수'이다. 그럼 위의 형태로 출력하도록 함수의 기능을 덧붙여주는 데코레이터의 예를 보이겠다. 다음 예는 smile 함수와 confused 함수가 정의된 상태에서 실행해야 한다.

```
>>> def deco(func):     # 데코레이터 함수, 그냥 줄여서 '데코레이터'라고도 함
        def df():
            print('emoticon!')      # 추가된 기능
            func()       # 원래 갖고 있던 기능
            print('emoticon!')       # 추가된 기능
        return df        # 보강된 기능의 함수를 반환

>>> smile = deco(smile)      # smile 함수 전달하고 반환 결과를 smile에 저장
>>> smile()      # 기능이 보강된 smile 함수 호출
emoticon!
^_^
emoticon!
>>> confused = deco(confused)     # confused 함수 전달하고 반환 결과를 confused에 저장
>>> confused()   # 기능이 보강된 confused 함수 호출
emoticon!
@_@
emoticon!
```

위의 예에서 보이듯이 데코레이터 함수가, 인자로 전달된 함수에 기능을 추가하는 방식은 다음과 같다.

"기능이 추가된 새로운 함수를 만들고 이 함수를 반환한다."

## [전달 인자가 있는 함수 기반의 데코레이터]

그럼 이번에는 다음 두 함수를 대상으로 하는 데코레이터의 예를 보이겠다.

```
>>> def adder2(n1, n2):        # 전달 인자가 두 개인 함수
        return n1 + n2

>>> def adder3(n1, n2, n3):        # 전달 인자가 세 개인 함수
        return n1 + n2 + n3

>>> adder2(3, 4)
7
>>> adder3(3, 5, 7)
15
```

위의 예에서는 덧셈 결과만 출력한다. 그런데 다음 예에서는 어떠한 값들을 더한 결과인지를 더불어 출력한다. 다음 예는 바로 위에서 보인 adder2와 adder3 함수가 정의된 상태에서 실행해야 한다.

```
>>> def adder_deco(func):        # 데코레이터 함수
        def ad(*args):        # 전달 인자를 튜플로 묶는다.
            print(*args, sep = ' + ', end = ' ')
            print("= {0}".format(func(*args)))
        return ad

>>> adder2 = adder_deco(adder2)
>>> adder2(3, 4)
3 + 4 = 7
>>> adder3 = adder_deco(adder3)
>>> adder3(1, 2, 3)
1 + 2 + 3 = 6
```

위의 예에서는 데코레이터를 정의하는 데 있어서 튜플의 패킹과 언패킹이 사용되었다. 다음과 같이 매개변수가 선언되면 전달인자는 그 수에 상관없이 튜플로 묶인다.

```
def ad(*args):    # 튜플 패킹
    print(*args, sep = ' + ', end = ' ')
    print("= {0}".format(func(*args)))
```

그리고 다음과 같이 인자를 전달하면 튜플에 묶여 있는 값들이 하나씩 분리되어 전달된다.

```
def ad(*args):
    print(*args, sep = ' + ', end = ' ')      # 튜플 언패킹
    print("= {0}".format(func(*args)))        # 튜플 언패킹
```

이 내용만 알고 있어도 전달인자가 있는 함수를 대상으로 데코레이터를 정의할 수 있다. 전달인자의 수에 상관없는 데코레이터를 말이다.

## [@ 기반으로]

앞서 보인 다음 예를 다시 보자.

```
>>> def deco(func):  # 데코레이터 함수
        def df():
            print('emoticon!')
            func()
            print('emoticon!')
        return df     # 보강된 기능의 함수를 반환

>>> def smile(): # 웃는 얼굴 출력
        print("^_^")

>>> smile = deco(smile)
>>> smile()
emoticon!
^_^
emoticon!
```

위의 예제에서는 다음과 같이 '함수 정의'와 '데코레이디 통괴 괴정'이 분리되어 있다.

```
def smile():      # 함수 정의
    print("^_^")

smile = deco(smile)      # 위의 함수를 데코레이터에 통과시킴
```

그런데 이것을 다음과 같이 표현하는 것도 가능하다. 즉 위의 코드와 아래의 코드는 동일한 결과를 보인다.

```
@deco
def smile():
    print("^_^")
```

즉 위의 코드를 봤을 때 다음과 같이 이해하면 된다.

"smile 함수를 deco 함수에 전달하고, 이때 반환되는 함수를 다시 smile에 담는다."

그럼 앞서 보인 두 번째 예를 위의 형태로 수정해보겠다.

```
# deco_style.py
def adder_deco(func):      # 데코레이터 함수
    def ad(*args):
        print(*args, sep = ' + ', end = ' ')
        print("= {0}".format(func(*args)))
    return ad

@adder_deco      # 아래 함수를 데코레이터 adder_deco에 통과시켜라.
def adder2(n1, n2):      # 전달 인자가 두 개인 함수
    return n1 + n2

@adder_deco      # 아래 함수를 데코레이터 adder_deco에 통과시켜라.
def adder3(n1, n2, n3):      # 전달 인자가 세 개인 함수
    return n1 + n2 + n3

def main():
    adder2(3, 4)
    adder3(3, 5, 7)

main()
```

```
3 + 4 = 7
3 + 5 + 7 = 15
```

필요한 데코레이터가 이미 존재하는 상황에서, 그리고 지금 정의하는 함수를 그 데코레이터를 통과시킬 목적이라면 위와 같이 코드를 작성하는 것이 훨씬 간결하고 보기에도 좋다.


## [데코레이터 함수 두 번 이상 통과하기]

함수를 정의하면서 다음과 같이 데코레이터를 두 번 이상 통과시킬 수도 있다.

```python
@deco1
@deco2
def simple():
    print("simple")
```

즉 위의 코드는 다음과 완전히 동일하다.

```python
def simple():
    print("simple")

simple = deco1(deco2(simple))
```

이에 대한 간단한 예를 보이면 다음과 같다. (이는 문법 설명을 위한 엄청 간단한 예제이다.)

```python
# deco_style2.py
def deco1(func):      # 데코레이터 1
    def inner():
        print('deco1')
        func()
    return inner

def deco2(func):      # 데코레이터 2
    def inner():
        print('deco2')
        func()
    return inner

@deco1
@deco2
def simple():
    print('simple')

def main():
    simple()

main()
```

```
deco1
deco2
simple
```

## Story 33 클래스 메소드와 static 메소드

### [클래스 변수에 대한 이해]

다음과 같이 첫 대입 연산에서 생성되는 변수를 가리켜 '인스턴스 변수'라 한다. 그리고 이는 각 객체별로 존재한다. 그러니까 '이는 객체에 속한 변수'이다.

```
>>> class Simple:
        def __init__(self):
            self.iv = 10      # iv는 인스턴스 변수, 객체별로 존재하는 변수

>>> s = Simple()
>>> s.iv        # 인스턴스 변수는 객체를 통해서 접근을 한다.
10
```

그런데 다음과 같이 변수를 클래스 안에 둘 수도 있다. 그리고 이렇게 되면 이 변수는 클래스에 속하는 '클래스 변수'가 된다.

```
>>> class Simple:
        cv = 20        # cv는 클래스 변수, 클래스 Simple에 속하는 변수
        def __init__(self):
            self.iv = 10

>>> Simple.cv    # 클래스 변수는 클래스 이름으로 접근 가능
20
>>> s = Simple()
>>> s.cv       # 클래스 변수는 객체를 통해서도 접근 가능
20
>>> s.iv
10
```

위의 예제에는 다음과 같이 클래스 변수가 선언되었다.

```
class Simple:
    cv = 20      # Simple 클래스의 클래스 변수
    ....
```

그러면 cv는 Simple 클래스에 속하는 변수가 된다. 즉 이는 Simple 객체에 존재하는 변수가 아니다. 때문에 이 변수는 다음과 같이 클래스 이름을 통해서 접근해야 한다.

```
Simple.cv      # Simple 클래스의 변수 cv에 접근하는 방법
```

그런데 위 예제에서 보이듯이 클래스 변수는 객체를 통해서도 접근할 수 있다. 마치 인스턴스 변수에 접근하듯이 말이다. (접근하는 변수가 객체에 없으면 그 객체의 클래스에 찾아가서 그 변수를 찾기 때문에)

```
s = Simple()

s.cv          # 클래스 변수는 객체를 통해서도 접근 가능
```

클래스 변수를 위와 같이 접근하면 이를 보고선 cv가 클래스 변수인지 인스턴스 변수인지 구분이 안된다는 단점이 있다. 그래서 가급적 클래스 변수는 클래스 이름을 통한 접근을 권한다. 그리고 클래스 변수는 객체 내에서도 접근할 수 있는데 그 방법은 다음 예제를 통해서 소개하겠다.

```python
# count_instance.py
class Simple:
    count = 0    # Simple의 클래스 변수, 생성된 객체 수를 저장하는 것이 목적
    def __init__(self):
        Simple.count += 1    # 클래스 변수 count 값 1 증가
    def get_count(self):
        return Simple.count  # 클래스 변수 count 값 반환

def main():
    s1 = Simple()    # 클래스 변수 count의 값은 1이 된다.
    print(s1.get_count())    # s1의 메소드 호출
    s2 = Simple()    # 클래스 변수 count의 값은 2가 된다.
    print(s1.get_count())    # 이번에도 s1의 메소드 호출
    s3 = Simple()    # 클래스 변수 count의 값은 3이 된다.
    print(s1.get_count())    # 마지막에도 s1의 메소드 호출

main()
```

```
1
2
3
```

위 예제에서는 클래스 변수의 특성 대부분을 보여주고 있다. 이 예제를 통해 확인할 사항들은 다음과 같다.

"클래스 내에서 클래스 변수에 접근하는 방법"

"하나의 클래스 변수를 서로 다른 세 개의 객체를 통해서 접근하고 있는 상황"

그리고 위 예제에서는 s1을 대상으로만 get_count 메소드를 호출하고 있다. 어차피 이 메소드는 클래스 변수의 값을 반환하는 메소드이므로 어떤 객체를 대상으로 호출하건 그 결과는 같다.

## [static 메소드]

앞서 정의한 다음 클래스를 대상으로, 생성된 객체의 수를 확인하기 위해서 get_count 메소드를 호출하고 싶다고 가정해보자.

```
class Simple:
    count = 0    # 생성된 객체의 수
    ....
    def get_count(self):
        return Simple.count    # 클래스 변수 count 값 반환
```

여기서 안타까운 사실 하나는 get_count 메소드는 객체가 있어야 호출 가능하다는 점이다. 즉 현재 이 메소드를 호출하기 위해서는 다음 두 가지 중 한가지 방법을 선택해야 한다.

"Simple 객체를 하나 생성하던가"

"아니면 어딘가에 있을 Simple 객체를 찾던가"

이는 불합리하게 느껴질 수밖에 없다. get_count 메소드 내에서 하는 일은 객체와 아무 관련이 없기 때문이다. (self를 가지고 무엇인가를 하는 일이 전혀 없다.) 그래서 이러한 상황에서 유용하게 사용하라고 존재하는 것이 바로 'static 메소드'이다. 이는 클래스 변수와 상당히 유사하다. 클래스 변수와 마찬가지로 객체에 속하지 않고 클래스에 속한다. 즉 클래스에 속하는 메소드이다. 그럼 이와 관련해서 다음 예를 보자.

```
# static_method.py
class Simple:
    def sm():    # static 메소드는 첫 번째 인자로 self가 없다!
        print('static method!')
    sm = staticmethod(sm)    # sm 메소드를 static 메소드로 만드는 방법이다.

def main():
    Simple.sm()    # static 메소드는 클래스 이름을 통해 호출 가능
    s = Simple()
    s.sm()    # static 메소드는 객체를 통해서도 호출 가능

main()
```

```
static method!
static method!
```

우선 static 메소드와 인스턴스 메소드의 외형적인 차이점은 다음과 같다.

"static 메소드는 첫 번째 인자로 self를 전달받지 않는다."

이는 객체가 아닌 클래스에 속한 메소드이기 때문에 그렇다. 그리고 이러한 메소드를 준비했다면 다음과 같이 데코레이터 함수 staticmethod를 통과시켜서 실제로 그 메소드가 static 메소드가 되게 해야 한다.

```
sm = staticmethod(sm)      # sm을 static 메소드가 되게 하는 방법
```

물론 전에 배운 내용을 기반으로 위의 클래스 정의는 다음과 같이 줄여서 쓸 수도 있고 또 이 방법을 훨씬 권장한다.

```
class Simple:
    @staticmethod
    def sm():
        print('static method!')
```

그럼 생성된 객체의 수를 세는 앞서 보인 예제를 수정해보겠다.

```python
# count_instance2.py
class Simple:
    count = 0
    def __init__(self):
        Simple.count += 1

    @staticmethod      # 아래의 메소드를 static 메소드로 선언!
    def get_count():        # 매개변수로 self가 없는 static 메소드
        return Simple.count

def main():
    print(Simple.get_count())      # 객체가 없는 상태에서도 객체의 수를 물을 수 있다.
    s = Simple()
    print(Simple.get_count())

main()
```

```
0
1
```

위 예제를 통해서 static 메소드를 만드는 방법뿐 아니라 static 메소드 내에서 클래스 변수에 접근하는 방법도 확실히 기억하고 넘어가길 바란다.


## [class 메소드]

static 메소드와 상당히 유사한 메소드로 'class 메소드'라는 것이 있다. 일단 다음 예제를 통해서 두 메소드의 외형적 차이를 정리하겠다.

```
# class_method.py
class Simple:
    num = 5       # 클래스 변수
    @staticmethod
    def sm(i):     # static 메소드
        print('st~ 5 + {0} = {1}'.format(i, Simple.num + i))
    @classmethod
    def cm(cls, i):    # class 메소드
        print('cl~ 5 + {0} = {1}'.format(i, Simple.num + i))

def main():
    Simple.sm(3)     # 클래스 이름 기반의 static 메소드 호출
    Simple.cm(3)     # 클래스 이름 기반의 class 메소드 호출
    s = Simple()
    s.sm(4)     # 객체를 대상으로 한 static 메소드 호출
    s.cm(4)     # 객체를 대상으로 한 class 메소드 호출

main()
```

```
st~ 5 + 3 = 8
cl~ 5 + 3 = 8
st~ 5 + 4 = 9
cl~ 5 + 4 = 9
```

우선 static 메소드 그리고 class 메소드를 만들기 위해 필요한 데코레이터를 정리하면 다음과 같다.

    @staticmethod          static 메소드 만들기 위한 데코레이터

    @classmethod           class 메소드 만들기 위한 데코레이터

그리고 이 두 메소드의 외형적 차이는 다음에서 보이듯이 첫 번째 매개변수 cls의 유무에 있다. (꼭 이름이 cls일 필요는 없지만 이 위치에서는 이 이름을 쓰는 것이 관례이다.)

    def sm(i):          # static 메소드의 매개변수 선언

    def cm(cls, i):     # class 메소드의 매개변수 선언

그런데 예제의 cm 메소드 호출문을 보면 알 수 있듯이, 첫 번째 매개변수에 값을 직접 전달하지는 않는다. 다음과 같이 cls를 무시하고 i에만 값을 전달한다.

```
Simple.cm(3)       # i에 3이 전달
s.cm(4)            # i에 4가 전달
```

그렇다면 cls에 전달되는 것은 무엇일까? 아직 이에 대한 설명은 하지 않았지만 위 예제를 통해서 다음과 같이 결론 내릴 수 있다.

"첫 번째 매개변수 cls를 빼고 보면 static 메소드와 class 메소드는 동일하다."

"그리고 cls에는 자동으로 전달되는 무엇인가가 있는 게 분명하다."

자! 그럼 이어서 다음 예제를 보자. 이 예제는 class 메소드의 첫 번째 인자로 전달되는 것이 무엇인지 보여준다.

```
# class_method2.py
class Simple:
    count = 0    # 생성된 객체의 수
    def __init__(self):
        Simple.count += 1
    @classmethod
    def get_count(cls):
        return cls.count    # cls에 전달되는 것은 Simple 클래스

def main():
    print(Simple.get_count())
    s = Simple()
    print(Simple.get_count())

main()
```

```
0
1
```

위 예제의 class 메소드는 다음과 같다.

```
@classmethod
def get_count(cls):
    return cls.count      # cls에 전달되는 것은 Simple 클래스
```

클래스 메소드의 첫 번째 인자로 전달되는 것은 이 메소드의 클래스이다. (파이썬은 클래스도 객체이기 때문에 인자로 전달 및 반환이 가능하다.) 즉 위의 예에서는 다음과 같이 get_count가 호출되었으므로,

```
Simple.get_count()     # 이 경우 get_count의 cls에 전달되는 것은 Simple 클래스
```

get_count의 매개변수 cls에 전달되는 것은 Simple 클래스이다. 따라서 위의 return문은 다음과 같이 이해할 수 있다.

```
return cls.count    ⇒    return Simple.count
```

cls에 전달되는 것은 Simple 클래스이므로 다음 예에서 보듯이 이를 기반으로 객체를 생성하는 것도 가능하다.

```
# class_method3.py
class Natural:
    def __init__(self, n):
        self.n = n
    def getn(self):
        return self.n
    @classmethod
    def add(cls, n1, n2):
        return cls(n1.getn() + n2.getn())      # Natural 객체 생성 후 반환

def main():
    n1 = Natural(1)
    n2 = Natural(2)
    n3 = Natural.add(n1, n2)      # 반환되는 객체를 n3에 저장
    print('{0} + {1} = {2}'.format(n1.getn(), n2.getn(), n3.getn()))

main()
```

```
1 + 2 = 3
```

위 예제의 add 메소드는 다음과 같이 호출되었으므로 add 메소드의 cls에 전달되는 것은 Natural 클래스이다.

```
Natural.add(n1, n2)        # 이 경우 add의 cls에 전달되는 것은 Natural 클래스
```

따라서 add의 return 문은 다음과 같이 이해할 수 있다. 즉 이 문장은 Natural 객체의 생성 및 반환으로 이어진다.

```
return cls(n1.getn() + n2.getn())   ⇒   return Natural(n1.getn() + n2.getn())
```

## [static 메소드보다 class 메소드가 더 어울리는 경우]

그렇다면 class 메소드는 언제 사용해야 할까? 대표적인 예를 들면 다음과 같다.

```python
# date.py
class Date:        # 날짜를 표현한 클래스
    def __init__(self, y, m, d):
        self.y = y        # 년
        self.m = m        # 월
        self.d = d        # 일
    def show(self):
        print('{0}, {1}, {2}'.format(self.y, self.m, self.d))
    @classmethod
    def next_day(cls, today):    # today 다음 날에 대한 객체 생성 및 반환
        return cls(today.y, today.m, today.d + 1)

def main():
    d1 = Date(2025, 4, 5)
    d1.show()
    d2 = Date.next_day(d1)
    d2.show()

main()
```

```
2025, 4, 5
2025, 4, 6
```

위 예제의 class 메소드는 다음과 같다.

```
@classmethod
def next_day(cls, today):      # today 다음 날에 대한 객체 생성 및 반환
    return cls(today.y, today.m, today.d + 1)
```

이렇듯 새로운 객체를 생성 및 반환하는 메소드를 가리켜 '팩토리 메소드(factory method)'라 하는데, class 메소드에는 클래스 정보가 전달되므로 이렇듯 팩토리 메소드를 만드는데 매우 적합하다. 물론 위의 예제는 static 메소드로도 구현할 수 있다. 매개변수 cls 대신에 클래스의 이름을 직접 써넣는 형태로 말이다. 그래서 이 내용의 소제목이 다음과 같지 않고,

　　"class 메소드가 대박 킹왕짱인 경우"

다음과 같은 것이다.

　　"static 메소드보다 class 메소드가 더 어울리는 경우"

하지만 이어서 소개하는 내용에서는 class 메소드의 장점이 더 두드러진다.


## [static 메소드보다 class 메소드가 완전 더 어울리는 경우]

class 메소드는 인자로 클래스 정보를 받는다. 그리고 이 정보는 호출 경로에 따라서 유동적이다. 그럼 이와 관련해서 다음 예를 보자.

```
# international_date.py
class Date:        # 앞서 예제에서 보인 Date 클래스와 완전히 동일하다.
    def __init__(self, y, m, d):
        self.y = y
        self.m = m
        self.d = d
    def show(self):
        print('{0}, {1}, {2}'.format(self.y, self.m, self.d))
    @classmethod
    def next_day(cls, today):
        return cls(today.y, today.m, today.d + 1)


class KDate(Date):    # Date 클래스 상속, 한국의 시각 출력
    def show(self):
        print('KOR: {0}, {1}, {2}'.format(self.y, self.m, self.d))


class JDate(Date):    # Data 클래스 상속, 일본의 시각 출력
    def show(self):
        print('JPN: {0}, {1}, {2}'.format(self.y, self.m, self.d))


def main():
    kd1 = KDate(2025, 4, 12)        # 한국의 시각 정보
    kd1.show()
    kd2 = KDate.next_day(kd1)       # 다음 날 정보 생성, KDate 객체 생성 및 반환
    kd2.show()        # KDate 객체이므로 KOR로 출력 시작

    jd1 = JDate(2027, 5, 19)        # 일본의 시각 정보
    jd1.show()
    jd2 = JDate.next_day(jd1)       # 다음 날 정보 생성, JDate 객체 생성 및 반환
    jd2.show()        # JDate 객체이므로 JPN로 출력 시작

main()
```

```
KOR: 2025, 4, 12
KOR: 2025, 4, 13
JPN: 2027, 5, 19
JPN: 2027, 5, 20
```

예제에서는 Date를 상속하는 다음 두 개의 클래스를 정의하였다. 이는 class 메소드가 갖는 장점을 설명하기 위해 단순히 정의한 클래스들이다.

KDate      Date 클래스 상속, 한국의 시각 정보 출력

JDate      Data 클래스 상속, 일본의 시각 정보 출력

그리고 Date 클래스에는 class 메소드인 next_day 메소드가 존재하기 때문에 상속 관계에 의해 다음과 같이 KDate와 JDate의 이름을 통해서 이 메소드 호출이 가능하다. (자식 클래스에 없는 메소드는 부모 클래스에서 찾아서 호출하는 것이 원칙이다.)

```
kd2 = KDate.next_day(kd1)       # 이 경우 next_day의 cls에 KDate가 전달된다.

jd2 = JDate.next_day(jd1)       # 이 경우 next_day의 cls에 JDate가 전달된다.
```

그런데 next_day 메소드가 존재하는 것은 Date 클래스이지만 위에서는 KDate와 JDate라는 이름을 통해 이 메소드를 호출했기 때문에 next_day에 전달되는 클래스는 Data가 아니라 KDate와 JDate이다. 때문에 KDate 객체를 대상으로 next_day 메소드를 호출하면 KDate 객체가 생성되고 JDate 객체를 대상으로 next_day 메소드를 호출하면 JDate 객체가 생성되는 것이다. 어떤가? 이런 수준의 메소드 정의는 static 메소드로는 생각하기 어렵지 않은가?

Story
34

# __name__ & __main__

## [__name__]

파이썬 스크립트 파일을 실행하면 자동으로 생성되는 변수로 __name__이라는 것이 있다. 이와 관련해서 다음 예를 보자.

```python
# who_are_you.py
def main():
    print('file name: who_are_you.py')
    print('__name__: {0}'.format(__name__))     # 변수 __name__의 출력

main()
```

```
file name: who_are_you.py
__name__: __main__
```

출력 결과를 통해서 실제로 변수 __name__이 만들어졌고 거기에 문자열 '__main__'이 담겼음을 알 수 있다. 그럼 이어서 다음 예를 실행해보자. 이는 위의 스크립트 파일을 import 한 예제인데 이 예제를 통해서 파이썬은 파일별로 각각 변수 __name__을 만든다는 사실을 확인할 수 있다.

```python
# importer.py
import who_are_you   # who_are_you.py를 import
print('play importer')
print('__name__: {0}'.format(__name__))
```

```
file name: who_are_you.py
__name__: who_are_you
play importer
__name__: __main__
```

일단 위 예제의 경우 별도의 main 함수가 없다. 그러나 import문의 의해 사실상 다음의 순서대로 코드가 실행된다.

```
def main():    # main 함수 정의
    print('file name: who_are_you.py')
    print('__name__: {0}'.format(__name__)) # who_are_you.py의 __name__ 출력

main()    # 위의 main 함수 실행
print('play importer')
print('__name__: {0}'.format(__name__))    # importer.py의 __name__ 출력
```

그런데 여기서 한가지 주목할 부분이 있는데 이는 다음과 같다.

"who_are_you.py의 __name__을 출력한 결과가 달라졌다."

즉 who_are_you.py를 직접 실행해서 다음 print문이 실행되었을 때는 __main__이 출력되었는데,

```
print('__name__: {0}'.format(__name__))    ⇒    __name__: __main__
```

importer.py에서 who_are_you.py를 import 한 결과로 다음 문장이 실행되었을 때는 who_are_you가 출력되었다.

```
print('__name__: {0}'.format(__name__))    ⇒    __name__: who_are_you
```

그렇다면 그 이유는 무엇일까? 이는 다음 내용에 근거한다.

실행이 시작되는 스크립트 파일의 __name__에는 문자열 '__main'을 채운다.

import 되는 스크립트 파일의 __name__에는 파일 이름을 문자열로 채운다.

즉 모든 스크립트 파일에는 자신만의 __name__이라는 변수가 있고 여기에는 파일의 이름이 문자열의 형태로 담긴다. 그러나 실행의 시작이 되는 스크립트 파일의 __name__에는 '__main__'이라는 문자열이 담긴다. 따라서 이러한 특징을 활용하면 하나의 스크립트 파일을 두 가지 목적으로 사용할 수 있는데 이어서 이에 대한 내용을 설명하겠다.

## [if \_\_name\_\_ == '\_\_main\_\_']

파이썬의 스크립트 파일에 담기는 내용은 다음과 같이 두 가지로 나눌 수 있다.

직접 실행할 내용이거나,

아니면 다른 스크립트 파일에서 사용하도록 만든 내용이거나

때에 따라서는 이 둘을 구분하지 않는 경우도 있다. 즉 직접 실행할 목적으로 만들었지만 상황에 따라서는 다른 스크립트 파일에서 사용할 수도 있기 때문이다. 그런데 다음과 같이 코드를 작성하면 다른 스크립트 파일에서 가져다 쓰지 못한다.

```python
# adder.py
def add(n1, n2):
    return n1 + n2


def main():      # 이 파일을 import 하면 main 함수도 정의됨
    print(add(3, 4))
    print(add(5, 9))


main()     # 이 파일을 import 하면 이 문장에 의해 main 함수도 실행됨
```

```
7
14
```

위의 파일을 import 했다면 add 함수를 가져다 쓰는 것이 목적일 텐데 의도치 않게 main 함수가 실행되어 버리니 가져다 쓸 수 있겠는가? 그래서 위의 스크립트 파일에 다음 두 가지 목적을 부여하려면,

필요하다면 다른 파일에서 이 파일을 import 해서 add 함수를 호출할 수 있게 한다.

이 파일을 직접 실행해서 main 함수가 호출되도록 한다.

다음과 같이 코드를 작성해야 한다.

```
# adder2.py
def add(n1, n2):
    return n1 + n2

if __name__ == '__main__':
    def main():      # if의 조건이 True인 경우에만 main 함수가 정의된다.
        print(add(3, 4))
        print(add(5, 9))

    main()      # if의 조건이 True인 경우에만 main 함수가 호출된다.
```

```
7
14
```

그럼 이어서 위의 스크립트 파일을 가져다 쓰는 예를 보이겠다.

```
# divider.py
import adder2 as ad      # adder2.py를 import

def divide(n1, n2):
    return n1 / n2

def main():
    print(divide(4, 2))
    print(divide(9, 3))
    print(ad.add(2, 3))      # adder2.py에 정의된 add 함수 호출

main()
```

```
2.0
3.0
5
```

이렇듯 adder2.py의 main 함수 정의와 호출은 실행되지 않으니 가져다 쓰는데 전혀 문제가 없다.

이상으로 '윤성우의 열혈 파이썬 : 중급편' 수업을 마치겠습니다. 즐거운 시간이셨기를 바랍니다. 감사합니다.